BOURREAUX ET VICTIMES

DE LA COMMUNE

EN 1871

OUVRAGES DU R. P. HUGUET

Terribles Châtiments des Révolutionnaires, ennemis de l'Église, depuis 1789 jusqu'en 1870. 1 vol. in-12 de 450 pages *franco*, 3 fr. Nouvelle édition augmentée. — A la librairie de REGIS RUFFET, 38, rue Saint-Sulpice, à Paris.

Les démocrates les plus rouges sont obligés de confesser eux-mêmes l'intérêt de cet ouvrage.

On lit dans le *Progrès* de Lyon : « Dès les premiers mots de ce livre, « on est empoigné, et, bon gré malgré, on dévore les cinq cents pages. « Auprès de cet ouvrage, les *Odeurs de Paris* sont plus fades que le lait « d'une blanche brebis auprès de la liqueur aimée des braves. LA « MASSUE DE LOUIS VEUILLOT N'EST PLUS QU'UN CURE-DENTS... »

L'art de voyager *au point de vue de l'utilité, de l'agrément, de l'économie, de la santé, de la législation*, etc. Un beau volume in-12 de 400 pages, 1 fr. 75 c., *franco*. — Librairie BRIQUET, à Saint-Dizier (Haute-Marne).

Il n'existe aucun ouvrage, dans aucune langue, aussi complet sur ce sujet. On y trouve tous les renseignements utiles aux voyageurs. Un grand nombre de traits et d'anecdotes contemporaines donnent à ces pages un attrait tout particulier.

Bourreaux et Victimes de la Commune. *Scènes de la Terreur en 1871.* Un beau vol. in-12, 1 fr. 50 c., *franco*. Paris, RÉGIS RUFFET ; à Lyon, chez JOSSERAND et GAUTHIER, et les principaux libraires.

Ce volume palpitant d'actualités offre le plus vif intérêt. Personne ne doit ignorer ce qui s'est passé sous la Commune à Paris, reine de la civilisation païenne et capitale de la Révolution cosmopolite. La meilleure manière de combattre cette démagogie sacrilège qui menace de tout détruire, c'est de publier au grand jour ses crimes et sa tyrannie sanguinaire. Malheur, trois fois malheur aux honnêtes gens, s'ils s'endorment pendant que le spectre rouge s'avance toujours avec ses torches incendiaires et les bombes Orsini.

Faits surnaturels de la vie de Pie IX. 4e édition *augmentée d'un appendice sur les années de saint Pierre à Rome, accomplies par Pie IX.* 1 vol. in-18 de 150 pages compactes. Prix, 50 c., *franco*. A Lyon, chez JOSSERAND, place Bellecourt, A Paris, chez REGIS RUFFET, 38, rue Saint-Sulpice.

BOURREAUX ET VICTIMES

DE

LA COMMUNE

SCÈNES DE LA TERREUR A PARIS

EN 1871

Par le R. P. HUGUET

Les sectaires de l'*Internationale* veulent traiter le monde comme ils ont traité Paris. Si on les laisse faire, l'Europe brûlera et l'enfer sera ainsi réalisé sur la terre. Ce sera l'empire du feu.

(S. S. Pie IX.)

NOUVELLE MAISON PERISSE FRÈRES DE PARIS

LIBRAIRIE CATHOLIQUE ET CLASSIQUE

RÉGIS RUFFET & Cie, SUCCESSEURS

PARIS	BRUXELLES
38, RUE SAINT-SULPICE, 38	4, PLACE SAINTE-GUDULE, 4

1871

Tous droits réservés.

PRÉFACE

« La République nourrit dans son sein mille plaies secrètes; des citoyens pervers forment contre elle mille projets pernicieux.... C'est au cœur même de Rome qu'est le mal, mal profond, mal domestique et intime : nous devons chacun, autant qu'il est en nous, y apporter un remède et travailler tous à le guérir. » (*Cicéron*.)

Ces paroles du plus grand orateur de Rome semblent écrites pour Paris, tant il est vrai qu'il n'y a rien de nouveau sous le soleil.

Déjà, dans un premier volume accueilli avec faveur, nous avons démontré que le mal de l'Europe, et de la France en particulier, venait en grande partie de Paris, capitale de la Révolution cosmopolite (1).

Dans la nouvelle brochure que nous publions aujourd'hui, nous racontons les faits et gestes de la Commune pendant ses soixante-dix jours de règne dans la capitale de la civilisation *moderne*, c'est-à-dire païenne. Ces forfaits, qui ont épouvanté le monde, ne sont

(1) PARIS, SES CRIMES ET SES CHATIMENTS. Triomphe de l'Eglise par la France régénérée, 1 vol. in-12, chez Ruffet.

1

qu'une suite naturelle des erreurs perverses prêchées
dans les clubs et dans les théâtres, vulgarisées et ré-
pandues dans le monde entier depuis quarante ans par
une presse sans frein et sans dignité. Il y a déjà bien
longtemps que l'on a dit : *Quand on sème des vents, on
recueille des tempêtes* (1).

Ce qui fait le caractere dominant des temps où nous
vivons, c'est la séparation qui s'opère de plus en plus
visiblement entre la sainte Église catholique et tout ce
qui n'est pas elle; c'est l'ardeur qui va tous les jours
en croissant d'un côté pour la faire disparaître s'il
était possible, en la dominant et en l'absorbant, de
l'autre, pour la glorifier en multipliant les œuvres qui
la font connaître aux plus humbles comme aux plus
fiers esprits.

Hélas! nous sommes bien obligé de le reconnaître,
jamais jusqu'ici l'on n'avait vu dans le monde civilisé
par le christianisme cette réunion effroyable du matérialisme le plus abrutissant, des convoitises les plus
effrénées, de l'indifférence la plus insensible et de
l'ignorance la plus honteuse en fait de religion; mais
jamais non plus on ne vit ni les institutions catholiques plus nombreuses, ni les associations chré-
tiennes plus actives, ni le dévouement de la charité
plus populaire, ni les pratiques de la piété plus variées,
plus riches, plus entraînantes.

En sorte que ce siècle où l'on emploie mille moyens
pour tout confondre au nom d'une tolérance perfide,
est précisément celui où les deux éléments contraires,
figurés par Jérusalem et Babylone, après avoir été
longtemps unis sous des nuances plus ou moins insai-

---

(1) Paris a eu mille sept maisons ou édifices publics détruits ou
endommagés. Sur ce nombre deux cent trente-trois ont été entièrement brûlées, et sur ces deux cent trente-trois il y a trente-un palais et monuments.

Total approximatif des pertes : DEUX MILLIARDS !

sissables, tendent à se séparer tout à fait pour devenir de plus en plus distinctes ; à ce point que bientôt il n'y aura plus d'un côté que des impies déclarés et hostiles, de l'autre que des chrétiens fidèles et complets. Situation plus sûre et plus vraie, puisque le Sauveur a dit : « Celui qui n'est pas pour moi est contre moi. »

Il ne s'agit plus aujourd'hui de telle ou telle autre forme du christianisme. La lutte n'est pas entre les catholiques et les protestants. L'*Internationale* a arboré publiquement le drapeau rouge de l'athéisme. Elle déclare une guerre ouverte, non-seulement à toute religion sans exception, mais encore à la patrie, à la famille, à toute propriété. On le voit, nous sommes arrivés au dernier degré de la folie et de l'erreur.

Voilà où nous ont conduits les fameux principes de 89, qui devaient régénérer le monde.

Beaucoup d'hommes voient le mal qui nous envahit ; un bien petit nombre en accusent les causes. Ces causes sont d'abord l'éducation anti-chrétienne de la plupart des jeunes gens (1).

L'assassinat de l'archevêque de Paris et des autres ecclésiastiques est la conséquence naturelle des articles de journaux et des livres abominables que l'empire et la république ont laissé publier impunément contre le clergé. Les cabarets multipliés d'une manière effrayante, les théâtres obscènes et révolutionnaires, les profanations publiques du dimanche par l'État, voilà

---

(1) Dans un certain nombre de lycées on a autorisé les élèves à souscrire pour la statue de Voltaire, l'homme le plus cynique et le plus impie que l'enfer ait vomi sur la terre. Pendant le siége de Paris, dans un des lycées de la capitale, les élèves des hautes classes publiaient une *Revue* ayant à leur tête un des professeurs de la maison. Or, un des numéros de cette feuille contenait une thèse sur l'existence de Dieu. On arriva à la conclusion « qu'il était plus probable qu'il n'y avait pas de Dieu. » Voilà de vrais communards en herbe.

autant de causes qui, dans une époque plus ou moins rapprochée, produiront des effets tels que ceux dont nous avons été les témoins et les victimes.

Encore une fois, ou la France reviendra aux vrais principes enseignés par l'Église, ou elle tombera dans le communisme, c'est-à-dire dans la barbarie et la dissolution.

Nous espérons, malgré toutes les tempêtes qui chargent l'horizon, que Dieu aura pitié de la fille aînée de l'Église; puisse-t-elle, conduite par un chef très-chrétien, redevenir le soldat de la papauté et ne jamais plus quitter le chemin de l'honneur.

Comment ne pas espérer, lorsque la prière est si large et si forte, lorsque la foi est appuyée de tant de merveilles! On repasse en esprit l'histoire de ce grand Pontificat, si prolongé, si manifestement soutenu de Dieu à travers tant d'orages, et qui nous apparaît debout au milieu des immenses débris dont s'est couvert le monde, plein de vie et d'honneur, attirant à lui toutes les vénérations du genre humain, défendu par l'amour, affermi par les tempêtes même qui voulaient le renverser.

La prière de l'Église est encore pleine du parfum des catacombes. Longtemps persécutée partout, toujours persécutée quelque part, elle a gardé son espérance, et par son espérance elle a vaincu tous ses tyrans et usé tous ses vainqueurs. Or, l'Église demande et elle espère inébranlablement, ce qui n'est possible que par elle, le règne de la liberté dans la justice et dans la paix, *et fiet unum ovile et unus pastor.*

En la fête de saint Vincent de Paul, l'Apôtre de Paris, *le* 19 *juillet* 1871.

BOURREAUX ET VICTIMES

DE LA COMMUNE

SCÈNES DE LA TERREUR A PARIS

EN 1871

LIVRE PREMIER

LES BOURREAUX

I

Les Communards de l'Internationale.

Avant de rapporter les Actes des Victimes de la Terreur à Paris en 1871, nous devons d'abord faire connaître leurs bourreaux, ces hommes qui ne parlent que de liberté et dont la tyrannie rappelle les Néron et les Dioclétien, qui proclament la liberté de conscience et interdisent tous les cultes sans distinction (1). Leur première mesure est de supprimer la

(1) On lit dans l'*Écho Roannais :*
Le concierge de l'Hôtel-de-Ville a été... révoqué de ses fonctions.
Veut-on savoir pourquoi? Écoutez bien :
Il a été surpris allant à la messe!!!
Voilà son crime.
« Et cependant, racontait sa femme à la personne qui nous a

conscription et de faire des levées en masse ; ils parlent d'abolir la peine de mort, et ils assassinent sans ombre de jugement les innocents tombés entre leur mains fratricides.

On lisait dans l'*Univers* de Paris :

« Chaque jour la Commune donne de nouvelles garanties à la liberté. Avant-hier, elle faisait apposer les scellés sur les études de notaires et confisquait leurs offices ; hier, elle supprimait sept journaux ; une autre fois ce sont les boutiques des boulangers et leurs pains qu'elle prétend réquisitionner. Il y a quelques jours, elle prélevait deux millions sur les caisses des compagnies des chemins de fer. Ce matin, le citoyen Protot nomme un séquestre aux biens des communautés religieuses de Paris. Encore si l'on se bornait à mettre un séquestre sur les biens, mais combien de membres des communautés religieuses sont séquestrés eux-mêmes, soit dans les prisons de la Commune, soit dans leurs maisons.

« La liberté dont la Commune fait jouir la ville de Paris est une liberté particulière en vertu de laquelle les citoyens ne peuvent être assurés de jouir ni de leurs biens, ni de leurs droits, ni du fruit de leur travail. La liberté d'arrêter le prochain a pris de si grandes proportions que la Commune a nommé un jury chargé de reconnaître le motif de ces emprisonnements. La liberté de fermer les églises multiplie ses effets tous les jours. Dimanche, les fidèles du quartier Saint-Roch voulant assister à la messe se sont aperçus

« transmis ces détails, j'épiais attentivement le moment propice et « j'avertissais mon mari qui se glissait à l'église, comme un malfaiteur, évitant avec soin d'être vu par NOS MAITRES ! »

Malgré ces précautions, il a été vu et révoqué. Il méritait bien au moins cela. A Paris, on l'aurait fusillé.

qu'on venait d'exercer cette liberté sur leur paroisse. Combien la liberté a-t-elle fait fermer d'écoles dans Paris? Il n'est pas de jour, pas d'heure, pour ainsi dire, où les citoyens ne ressentent le bienfait de quelque nouvelle liberté.

« L'ère de bonheur s'ouvre abondamment devant eux. Faut-il croire avec le citoyen Paschal Grousset qu'elle durera encore quelques semaines? »

Les sectaires de l'*Internationale*, laissent bien loin les bandits de 93, tant il est vrai que notre siècle est un siècle de *progrès dans le mal*.

Ces hommes qni viennent d'épouvanter le monde par leurs forfaits font profession d'athéisme, et par suite ils sont d'une impiété et d'une barbarie effrayantes, ne reculant devant aucun crime, et se proposant avant tout le sac et le pillage de la société.

§ I. — *Organisation de l'Internationale.*

M. Jules Favre a parlé dans sa circulaire d'un programme de l'*Internationale*, en voici un extrait, tel qu'il fut formulé dans une petite brochure publiée à Londres en 1867, sous ce titre : *le Droit des travailleurs :*

« Emmaillotté dès sa naissance dans les triples langes de la famille, la patrie, la religion, bercé dans le respect de la propriété quelle qu'elle soit, le propriétaire ne peut devenir quelque chose qu'à la condition d'*anéantir* tout cela et de rejeter bien loin de lui ces vieilles défroques de la barbarie paternelle. (Séculaire probablement.)

« L'Association internationale n'a et ne peut avoir d'autre but que d'aider à l'extinction de tous ces monstrueux préjugés.

« Elle doit, en donnant aux travailleurs de tous les pays

un lien commun, un centre d'action, une direction énergique, leur montrer ce qu'ils peuvent.

« Seule elle a assez de pouvoir pour leur apprendre à agir avec ensemble ; seule aussi elle a le pouvoir et le droit de discipliner les masses pour les lancer sur les oppresseurs, qui tomberont écrasés sous le choc.

« Pour cela son programme doit être :

« L'abolition de toutes les religions,
— de la propriété,
— de la famille,
— de l'hérédité,
— de la nation.

« Lorsque la Société internationale des travailleurs aura éteint chez tous les travailleurs le germe de ces préjugés, le capital sera mort.

« Mais que l'on ne s'abuse pas, que les rêveurs ne cherchent pas de système pour arriver à une solution que la force seule peut donner.

« La force, voilà ce qui donnera aux travailleurs le sceptre du monde ; hors de là, rien ne peut les tirer de l'ornière de la routine et de la civilisation moderne.

« Lorsque deux puissances contraires sont vis-à-vis l'une de l'autre, il faut, sous peine de se neutraliser, que l'une des deux soit anéantie.

« Aux armes, travailleurs, le progrès et l'humanité comptent sur vous.

« EDWARDS SUNNER,
« Secrétaire de l'Internationale. »

§ II. — *Impiété de la secte.*

On peut dire que l'impiété, la haine de Dieu, de son culte et de ses prêtres est le cachet de ces sociétés *secrètes* condamnées par tant de Papes. Elles redoutent la lumière parce qu'elles organisent le mal et machinent dans leurs antres ténébreuses la ruine de l'Eglise et de la société (1).

Monseigneur Dupanloup dans sa dernière lettre pastorale s'élève avec raison contre de pareilles monstruosités, et met à nu le mal qui s'est fait depuis vingt ans, c'est-à-dire depuis que l'on ne cesse, même parmi les catholiques libéraux, de vanter les immortels principes de 89 qui ont ouvert l'ère des révolutions et rempli l'Europe de ruines (2).

(1) Le *Gaulois* rapporte le fait suivant, qui montre, une fois de plus, la façon dont ils entendent la liberté :

« Un convoi de quelques gardes nationaux tués suivait la rue Saint-Honoré, se dirigeant vers Montmartre. Une femme ayant fait le signe de la croix, un officier qui suivait les cercueils s'approcha d'elle, lui mit brutalement la main sur l'épaule en lui disant :

« Citoyenne, pas de manifestation, ou je vous arrête. »

(2) Jamais Pie IX n'avait condamné avec tant d'énergie le catholicisme libéral que dans sa réponse aux félicitations des Français venus à Rome à l'occasion du Jubilé pontifical du 16 juin 1871. Voici ses paroles rapportées dans l'*Univers :*

« Il y a en France un mal plus redoutable que la révolution, plus
« redoutable que la Commune avec ses hommes échappés de l'enfer,
« qui ont promené le feu dans Paris ; c'est le libéralisme catho-
« lique.

(*Ici le Pape, qui avait parlé d'un ton solennel, a pris le ton de la conversation familière.*)

« Il y a quelque temps, un personnage de votre pays, qui venait
« me voir quelquefois, me disait que l'État et la loi devaient être
« athées, qu'il n'y avait pas de distinction à établir entre le catho-
« lique et le protestant. Comme bien vous pensez, je n'étais pas de
« son avis. Mais il voulait me persuader que ce jeu de bascule était
« nécessaire à la politique, et il y a beaucoup d'hommes qui veu-
« lent ainsi concilier et unir le bien et le mal.

« Un autre, qui avait fait du bien étant à Rome et auquel j'avais
« pourtant donné des conseils, croyait convenable de se mêler aux
« protestants et aux juifs, de les accompagner dans leurs cérémonies
« et jusqu'au cimetière. »

1.

Voici un passage de la *Lettre pastorale* de l'évêque d'Orléans :

« Ainsi, plus de religion, ni de Dieu ; plus de cultes, ni de prêtres ; plus de codes, ni de magistrats ; plus de soldats, ni d'armées ; plus d'hérédité ; plus de propriété transmise par les pères aux enfants ; plus de hiérarchie dans la société ; plus de société ; plus de mariage ; plus de famille. Voilà ce qu'ils veulent.

« Et qu'est-ce qui accomplira toute cette œuvre? La Révolution ; et ils la définissent, l'un « une matière en fusion, pareille à la lave des volcans ; » l'autre « un coup de foudre qui éclairera, dit-il, ceux qu'elle frappera. »

« N'est-ce pas ce que nous venons de voir à Paris?

« Voilà pourquoi, à tous leurs excès vous avez vu se mêler, à un degré si prodigieux, la haine de la religion, la Commune se hâter de proclamer et d'installer dans les écoles l'enseignement athée, profaner et piller les églises, emprisonner et fusiller les prêtres, toutes les saturnales enfin de l'athéisme et de l'impiété.

» N'ont-ils pas été jusqu'à faire monter dans la chaire de Saint-Sulpice profanée un enfant de douze ans, qui, aux applaudissements de leur club en délire, déclarait « *qu'il n'y a pas de Dieu, qu'ils n'en veulent plus !* »

« *Nous biffons Dieu,* » avait écrit l'un d'eux.

« Oui, c'est l'impiété révolutionnaire, c'est le socialisme athée qui a brûlé Paris : ce n'est pas l'huile enflammée, ce ne sont pas les bombes, ce sont les idées ; les idées impies, incendiaires, subversives de toute société, dont ce pauvre peuple a été saturé ! Voilà jusqu'où l'athéisme peut pousser les foules égarées. Ce n'est pas seulement la plus effroyable tyrannie imposant à une grande capitale la plus humiliante des servitudes ; c'est la barbarie s'emportant aux plus sauvages cruautés.

« Et comme pour le montrer avec plus d'éclat au monde, Dieu a permis que ce fût à Paris même, ce foyer si vanté de la civilisation moderne et des lumières, que l'impiété triomphante prouvât ce qu'elle sait faire.

« Ah! Dieu l'a-t-il assez humiliée et châtiée, cette ville! En quelles mains, sous quel joug a-t-il permis qu'elle tombât! Et les vils tyrans qui ont pu s'en rendre maîtres l'ont-ils assez déshonorée, souillée, ruinée!

« Mais ce qui doit ajouter ici à notre confusion et à notre épouvante, c'est le nombre de ceux qui ont pris part à ces horreurs, qui se sont trouvés là pour résoudre, organiser et accomplir ces crimes abominables, ces immenses holocaustes.

« C'est le nombre de ceux qui ont fait plus ou moins cause commune avec eux!

« Qu'il y ait sur la terre des scélérats, hélas! oui; mais tant de scélérats! tant d'hommes, de vieillards, de femmes, d'enfants enrôlés pour le meurtre et pour l'incendie!

« Ah! on voit maintenant le travail de perversion profonde qui s'est fait pendant vingt années impunément chez ce malheureux peuple.

« Il y a là un mystère effroyable d'iniquité.

« On aurait voulu croire qu'ils n'étaient que quelques-uns avec la Commune! »

Proudhon, qui n'était pas un réactionnaire et un monarchiste, Proudhon dont il est impossible de faire un « clérical, » Proudhon a écrit : « Tous les rouges ne sont pas forçats, mais tous les forçats sont rouges. »

Jamais la justesse de cette parole n'a été si évidente. Nos questions politiques se sont réduites à de simples questions d'honnêteté, et tout ce qu'il y a de malhonnêtes gens est aujourd'hui dans un seul camp. Les communards ne sont

pas tous sans exception de la canaille, mais toute la canaille
est communarde. Les bagnes ont fourni le noyau de l'armée
communarde à Paris. Les chefs de la Commune à Paris
sont, ceux-là presque sans exception, des individus tarés,
mouchards de tous les gouvernements, faux-monnayeurs,
voleurs, etc. C'est l'aristocratie de tous les vices, alliée à
l'aristocratie de toutes les incapacités.

C'est cette tourbe impie, préparée par la bourgeoisie vol-
tairienne, qui menace la société tout entière.

Mais qu'on y prenne garde, dit M. F. de Sarcus, il faut
que la question soit nettement tranchée : il faut que la société décide si elle ne veut pas de religion ou si elle la
regarde comme indispensable à son existence.

Si, continuant son œuvre haineuse et inintelligente, une
portion de la classe moyenne persiste à combattre l'idée
religieuse en la personnifiant déloyalement en un type
ambitieux, inquisitorial, sinistre, ennemi des lumières, ennemi de la paix, qu'on a appelé *influence cléricale*, si, à
l'ombre de cette appellation vague et inepte, on ne laisse
rien de sacré qui ne soit bafoué et compromis ; si le dogme,
le culte, la morale, l'Eglise, le christianisme entier avec ses
institutions, sa hiérarchie, son histoire, tout en un mot,
continue à être passé au fil des plus perfides insinuations,
des plus odieuses calomnies, savez-vous ce qui arrivera ?
ou, pour parler plus juste, voyez-vous ce qui arrive ?

Ces colères aveugles de la multitude qu'on a voulu soulever contre l'*influence cléricale*, voilà qu'elles grondent
furieuses contre la prépondérance des fortunes. Ce n'est
plus seulement l'Eglise que vient battre l'impétuosité des
flots populaires, c'est la propriété.

L'homme de la propriété a voulu rejeter la tutelle de
Dieu créateur et souverain, et maintenant il n'a plus ni
sécurité ni repos ; il a voulu secouer l'autorité paternelle de

Celui qui règne au ciel, et maintenant il tremble sous les menaces de la terre !

C'est lui qu'on hait, c'est lui qu'on bafoue, c'est lui qu'on affuble de noms injurieux ou ridicules ; c'est lui qu'on personnifie en un type trivial, cupide, étroit, égoïste, dur, odieux. C'est contre lui qu'on fomente les avidités insatiables, les sombres jalousies, les sourdes haines.

On désigne au mépris, à la suspicion, à la vengeance des foules, les possesseurs actuels de la richesse. Ce sont, dit-on, des hommes durs, fastueux, cupides, sans équité, sans entrailles, s'engraissant de la sueur des pauvres, regorgeant de bien-être, de plaisirs, de luxe, pendant que la multitude des travailleurs s'agite misérablement dans les angoisses de la souffrance et du besoin.

Voilà ce qui se dit en paroles brûlantes à de pauvres âmes ombrageuses, aigries, ulcérées, que le désespoir enivre et que la conscience ne retient plus !

Et c'est en présence d'une situation pareille, quand l'incendie, le meurtre, le pillage se dressent audacieusement dans nos cités que de soi-disants conservateurs ne trouvent rien de mieux à faire que de reprendre gravement leur campagne anti-cléricale !

Insensés, ils ne voient donc pas que la seule ancre tutélaire qui peut encore sauver la société, c'est la religion ?

La religion, qui donc, parmi les hommes sensés, ne la désire aujourd'hui, qui ne l'appelle comme la grande solution des problèmes qui tourmentent les esprits, comme le remède souverain des maux qui affligent la société ?

De quoi souffrons-nous, en effet, de quoi mourons-nous, si j'ose le dire ?

Nous souffrons et nous mourons de deux choses qui semblent se contredire, de fièvre et de marasme.

Le délire des systèmes nous dévore et le froid de l'égoïsme

nous glace ; c'est la tête qui se perd pendant que le cœur se dessèche, c'est l'anarchie qui trouble les pensées pendant que le matérialisme envahit les mœurs.

La foi et le dévouement, voilà ce qui nous manque et voilà ce que la religion seule peut donner.

Et c'est à ce moment que, des rangs de ceux qui s'intitulent conservateurs, nous entendons de lourds docteurs et de tristes railleurs nous déclarer dogmatiquement ou bien avec un ricanement stupide, que le danger c'est l'*influence cléricale !*

Aveugles qui ont des yeux pour ne pas voir et des oreilles pour ne pas entendre !

Qu'ils prennent garde que la Providence ne les prenne au mot et ne les laissent seuls, face à face, avec les passions qu'ils essaient de soulever. Ce serait terrible, et la société tout entière pourrait bien sombrer dans cette épreuve.

Souhaitons plutôt et travaillons de toutes nos forces à ce que l'idée religieuse et chrétienne surnage au milieu des commotions de la transformation sociale à laquelle nous assistons : ce sera l'arche de salut qui émergera des flots du déluge ! Et puissent se vérifier alors les graves paroles tombées naguère d'une chaire catholique, en présence même du Vicaire de Jésus-Christ : « Quand l'heure providentielle « sera venue, l'Eglise se tournera vers la démocratie, elle « baptisera cette héroïne sauvage ; elle la fera chrétienne « comme elle a déjà fait de la barbarie ; elle imprimera sur « son front le sceau de la consécration divine, elle lui dira : « Règne ! et elle règnera. » (P. Ventura, *Oraison funèbre d'O'Connel.*)

Il y a un fait que nul ne peut nier et qu'a proclamé hautement du fond de l'exil une voix auguste et patriotique : « Nous voguons en pleine démocratie. »

Si nous enlevons aux masses leurs croyances religieuses,

prenons garde que la transformation sociale qui pouvait s'opérer pacifiquement ne soit remplacée par un cataclysme épouvantable, et que la société ne disparaisse engloutie sous le flot irrésistible des passions et des appétits démagogiques imprudemment surexcités, et que nulle digue morale ne soit plus là pour les arrêter et les refréner au besoin.

Aveugles *conservateurs* que vous êtes! Vous voulez chasser Dieu du gouvernement de la société; d'une question essentiellement spiritualiste vous faites une question brutalement matérialiste : et vous ne voyez pas que la question se posera fatalement alors entre le gendarme et le pétrole! et que, fatalement aussi, par la seule force arithmétique du nombre, un jour ou l'autre, ceci tuera cela ! !

Et ce jour que vous aurez soigneusement préparé par vos écrits, vos journaux, vos discours, sera votre dernier jour à vous, à vos familles, à vos fortunes, à la société et à la civilisation.

§ III. — *Pillage des églises et violation des tombeaux.*

Ah ! jamais ne s'est mieux révélé ce caractère satanique attribué par le comte de Maistre aux œuvres de la révolution française ; toutes les légions de l'enfer se sont abattues sur la capitale de la France pour la châtier et l'anéantir (1).

(1) Nous lisons dans la *Montagne* :
Dent pour dent, a dit la Commune.
Si l'on allait se souvenir de Galilée et de Jean Huss, si l'on vous mettait dans les lèvres la fiole des Médicis, si l'on vous plantait dans les épaules le poignard de Lucrèce Borgia?
Dent pour dent ! Vous nous les avez cassées par centaines pendant les Saint-Barthélemy. — Œil pour œil ! voilà des siècles que nous sommes aveugles.
Et ne parlez pas de Dieu. *Ce croquemitaine ne nous effraie plus. Il y a trop longtemps qu'il n'est qu'un prétexte à pillage et à assassinat !*

On ferait un gros volume des impiétés de tout genre commises par ces scélérats durant les deux mois où ils ont été maîtres de Paris. Contentons-nous d'en rapporter quelques traits.

On lit dans le *Journal officiel* :

« Une bande d'insurgés composée en partie de garibaldiens et venant du côté des Hautes-Bruyères ou du Moulin-Saquet a fait tout récemment une incursion soudaine dans le village de l'Hay ; elle a enlevé plusieurs notables, parmi lesquels l'adjoint au maire, ainsi que des femmes et des enfants. Ces bandits ont déclaré en partant qu'ils ne rendraient leurs otages que contre une somme de 25,000 francs.

« Un autre fait dépasse tout ce que l'on peut imaginer de plus hideux et de plus criminel. Au couvent des Oiseaux, dans le village d'Issy, les sépultures des religieuses ont été violées ; et les misérables, qui ont commis un tel crime, ont dû faire de longs efforts pour desceller et arracher les pierres tumulaires qui défendaient les tombeaux et pour briser les cercueils qui étaient en solide bois de chêne. Trois tombes ouvertes portaient encore témoignage de cette profanation au moment de l'expulsion des insurgés. Les cendres et les ossements du dernier cercueil avaient été jetés épars aux abords de la chapelle souterraine. Un second cercueil avait été brisé dans toute sa longueur, et le suaire en lambeaux, débordant par les ouvertures béantes, révélait une fouille active et ardente ; l'inscription du millésime 1870 était marquée sur ce cercueil.

C'est au nom de Dieu que Guillaume a bu à plein casque le plus pur de notre sang : ce sont des soldats du pape qui bombardent les Ternes.

Nous biffons Dieu !

« Outre ces horreurs commises sur des tombeaux, les églises d'Issy ont été toutes profanées ; et des ordures de toutes sortes ont été déposées dans les lieux saints, jusque sur les autels et dans les tabernacles.

« De tels faits parlent assez haut. Les scélérats qui s'en sont rendus coupables ont, en outre, livré tout le village d'Issy au pillage et à la dévastation la plus complète, avant de fuir lâchement devant nos troupes. »

M. Louis Veuillot a raconté dans l'*Univers* les profanations sacriléges faites au couvent des religieux des Sacrés-Cœurs de Picpus, que les révolutionnaires ont essayé de noircir de leurs calomnies stupides !

Ils se sont particulièrement rués sur cette congrégation de Picpus. Avant de piller les religieuses, ils avaient pillé les religieux. Nulle part ils n'ont montré autant de fureur, autant volé, commis autant de sacriléges. Dans l'église des religieux, ils ont mutilé une statue de la sainte Vierge, fusillé une statue de saint Pierre et une statue de saint Joseph, brisé les reliquaires, enlevé les ostensoirs et les vases sacrés. Dans les cellules, ils ont coupé les bras des crucifix, décapité les images pieuses, brûlé papiers et livres. Ils ont arrêté tous les religieux prêtres et frères, et les tiennent sous leurs verroux. Ils ont enfermé pendant deux jours, dans un cachot, le frère Lievin-Jacob, infirme. Ils ont mis le révolver sur la poitrine d'un autre (le frère Beunat) et l'ont sommé de jurer qu'il n'y a pas de Dieu. Le frère a dit tranquillement : Eh bien ! je jure qu'il y a un Dieu, et ils ne l'ont pas tué, — ils l'ont dit, — pour ne pas faire un martyr, calcul que le bon frère ne leur pardonne pas aisément. Quelques-uns de ces gens-là savent bien ce qu'ils font. A l'égard des religieuses, on voit ce qu'ils ajoutent. C'est tout à la fois plus savant, plus scélérat et plus lâche. Insulter des femmes et des vierges, et de cette façon, l'art

ne saurait aller plus loin. Ce Paris, cette Commune et cette
littérature sont pleins de ces artistes, tous consommés.

Pour les catholiques, un mot expliquera cette préférence
donnée à la congrégation de Picpus. Il est probable que les
exécuteurs n'en connaissent pas la cause.

La voici :

La congrégation des Sacrés-Cœurs, dite de Picpus, a été
fondée en 1794, dans le sang versé par la Terreur, encore
chaud, l'on peut le dire. Elle naquit de ce sang, elle sortit
des tabernacles brisés et des hosties profanées par les scélérats qui s'étaient targués d'anéantir la foi catholique. Elle
leur attesta que Jésus-Christ vivait toujours, que l'Eglise
était toujours féconde, que le sang des martyrs était toujours
une semence de chrétiens, et qu'il n'y avait plus de terre
stérile où ce sang était répandu.

Joseph Coudrin, bon et saint prêtre de Poitiers, assisté
d'une pieuse femme, établit la double congrégation, hommes
et femmes, pour l'adoration perpétuelle et pour la réparation des outrages faits au Saint-Sacrement dans les tabernacles. C'est le but spécial. On y ajouta l'éducation et l'assis-
tance des enfants pauvres, les missions dans les campagnes et les missions lointaines.

En 1814, les deux congrégations vinrent s'établir à Picpus,
près du lieu des exécutions révolutionnaires, sur le lieu
même, sur le champ des martyrs où ies victimes avaient
été enterrées. Des personnes pieuses leur donnèrent une
partie de ces terrains sanglants qu'elles avaient achetés,
afin que la prière pour les morts, victimes et bourreaux,
n'y cessât point. Les gens de la Commune viennent de violer
ces cimetières ; ils les ont fouillés, ils ont ouvert et profané
les caveaux, toujours pour y chercher des armes ; ils ont
ajouté cela au reste ; et les ossements qu'ils produisirent,

appartiennent sans doute aux innocents que leurs « pères de 93 » ont assassinés.

A travers diverses vicissitudes, généralement dures et cruelles, la congrégation a néanmoins prospéré. Elle remplit son but. Les religieuses que Rochefort et Vallès insultent pour activer le débit languissant de leurs feuilles, élevaient et, en grande partie, nourrissaient et habillaient plus de trois cent petites filles pauvres de ce quartier, au milieu duquel elles peuvent être assassinées en plein jour. Ses missions sont florissantes. Elle gouverne trois districts de l'Océanie, les îles Gambier, les Marquises et Honolulu. Elle y a porté la civilisation chrétienne à la place de la barbarie et de l'anthropophagie.

L'évêque d'Honolulu et l'évêque des Marquises étaient au Concile. Ce sont deux fondateurs de peuples. Nous avons lu des lettres qu'ils recevaient de leurs diocésains, dont les grands-pères et les pères étaient des sauvages. Mgr Maigret, vicaire apostolique d'Honolulu, a bâti des églises, fondé une langue, établi une imprimerie. Il nous a donné des livres, des cantiques, un journal, qu'il a *composés* lui-même, de son esprit et de ses mains, dans son imprimerie d'Honolulu. Lui et son collègue ont trouvé, parmi leurs Sœurs, des femmes assez généreuses pour se dévouer à ces missions d'où l'on ne revient guère. Elles y souffriront toutes les privations et tous les travaux de l'apostolat, mais elles n'y seront insultées que par les journaux protestants et franc-maçons, qui vont traduire là-bas les infectes calomnies de la barbarie et de l'anthropophagie renaissantes chez nous.

Les révolutions démocratiques et sociales sont faites pour détruire ces œuvres. Elles donnent aux Marats et aux Hé-berts le plaisir de « raccourcir » ces ouvriers de Dieu. Elles mettent les Théroignes sur l'autel de la Raison, et elles attachent au pilori l'honneur des vierges sacrées, en attendant qu'elles les égorgent.

La religion grandit au milieu de tout cela et se relève plus brillante. Mais les sociétés qui le permettent se dégradent et meurent ignoblement, jusqu'à ce que la justice les délivre par le glaive, et la liberté individuelle par le bâton.

Les églises des paroisses n'ont pas été mieux traitées que les chapelles des communautés.

On écrit de Paris, le 6 mai, à l'*Univers* :

« La persécution religieuse, sans avoir été décrétée officiellement par la Commune, n'en continue pas moins de s'exercer régulièrement par un ensemble d'actes attentatoires contre les personnes et les choses de l'Église. Les prisons renferment toujours bon nombre de prêtres et de religieux auxquels on n'a pas même fait subir un semblant de jugement ; ils restent là comme otages, et chaque jour aggrave leur situation.

« Plusieurs des églises fermées au culte ont été changées en club. Je vous citerai entre autres celles de Saint-Nicolas des Champs, de Saint-Bernard, de la Chapelle, de Vaugirard, de Montrouge. Au club de Saint-Nicolas des Champs, la séance a commencé par le chant de la *Marseillaise* (1).

(1) La Commune de Paris a eu l'impudence d'autoriser plusieurs clubs à se réunir dans les églises.

La première question discutée dans l'église de Saint-Nicolas par le club a été celle de la prostitution. Les orateurs parlent du haut de la chaire ; le lieu où ils parlent les excite pour ainsi dire au blasphème. On croyait que le Saint-Sacrement était au tabernacle, et un des orateurs, le désignant de la main, l'appelait : Le Dieu qui est là n'existe pas.

Quand les orateurs envoyés par la mairie et respectés par la Com-

Pour vous donner une idée des gens du lieu, c'étaient les mêmes citoyens réunis salle Molière, qui, la veille, avaient demandé qu'on fusillât tous les réfractaires. L'église de Saint-Bernard, charmante église neuve en style gothique, a été donnée aux clubistes par un membre de la Commune, délégué à la mairie de l'arrondissement. C'est la chaire elle-même qui sert de tribune aux blasphèmes et aux obscénités de tout genre qu'on débite dans le lieu saint. Les églises res-tées ouvertes reçoivent la visite des agents de la Commune. A Sainte-Marguerite, après avoir fait l'inventaire des objets qui se trouvaient dans l'église et dans la sacristie, ils ont laissé un poste de gardes nationaux en permanence; à Saint-Merry, ils ont inutilement cherché le curé, qu'on avait prévenu à temps. Ce qui reste de fidèles à Paris est dans la désolation. Dans beaucoup d'églises, le culte est interrompu; on n'entend plus le son des cloches.

. . . .

« Il n'est pas vrai que Saint-Sulpice soit fermé. Nous y avons tous été ce matin. La guenille rouge est sur la façade, comme un soufflet sur le visage du Christ. Tous les soirs, le club se tient. Les paroissiens se promènent dans les bas-côtés, en causant et en traînant les pieds. Cela suffit pour couvrir la voix des orateurs, qui, las de s'égosiller sans être entendus, disent qu'il faut déménager et aller à Saint-Ger-main des Prés, et que l'église Saint-Sulpice est sourde. Elle est bienheureuse ! »

On écrivait de Paris à un journal de Lyon :

« Avant que l'église Saint-Sulpice ne fût fermée, elle a été, jeudi dernier, le théâtre des scandales les plus doulou-

mune sont montés à ce diapason, on devine ce que peut être l'assis-tance. La première séance a été ouverte par le chant de la *Marseil-laise*. La tenue répond aux chants et aux harangues.

reux. Les fidèles s'étaient rendus en grand nombre aux exercices du mois de Marie, et la *Patrie* raconte que des milliers de voix venaient d'entonner, avec une frénésie sans pareille, le *Magnificat* et le *Parce Domine*, quand des vociférations éclatèrent dans les bas-côtés de l'église, et le chant de la *Marseillaise* vint se mêler aux chants sacrés : un effroyable tumulte s'en suivit dans toute l'église, profanée par cet attentat odieux à la liberté de conscience. La chaire fut en peu d'instants escaladée par des gamins de douze à quinze ans : au milieu de la foule, on remarquait une jeune femme, toute tremblante d'émotion, exprimant avec une exaltation fiévreuse les sentiments de sa réprobation et de son horreur pour de tels actes. Les uns l'acclamaient et la soutenaient, d'autres l'insultaient lâchement ; les gens de la Commune finirent par s'en emparer, malgré les protestations de la foule, et la conduisirent au poste.

« De pareilles scènes échappent à toute appréciation : on aurait lâché dans Paris les forçats de tous les bagnes de l'Europe, que l'on n'aurait certainement pas à constater des actes de sauvagerie plus criminelle et plus brutale. »

§ IV. — *Le pillage de Notre-Dame des Victoires.*

De toutes les églises de Paris, c'est bien celle que les communards ont le plus dévastée. Les suppôts de Satan devaient avoir une haine spéciale pour le sanctuaire de Marie qui a écrasé, dès l'origine des choses, la tête du dragon infernal.

Voici, d'après *le Français*, les circonstances horribles de cette profanation :

« Le sanctuaire de Notre-Dame des Victoires a été odieusement dévasté. Mercredi soir, 17 mai, à cinq heures, l'église a été tout à coup cernée par le 159ᵉ bataillon de la garde nationale, et bientôt elle était envahie. On demanda à l'officier commandant en vertu de quel ordre il agissait ; il répondit : « Du droit des fusils de mes hommes, » et l'opération commença.

« La Commune était représentée par les citoyens Pottier et Roussel, deux de ses membres, délégués au deuxième arrondissement ; le Comité central avait pour représentant le citoyen Lemoussu, commissaire de police, *délégué spécial à la surveillance des établissements communaux*, *dits églises*.

« Ce fut le citoyen Pottier qui le premier s'adressa aux prêtres, qui étaient courageusement demeurés à leur poste, mais il le fit dans un langage tel que nous sommes obligés de l'expurger.

« Nous venons ici, dit-il, pour découvrir les horreurs qui « s'y commettent depuis longtemps ; le jour de la justice du « peuple est arrivé. C'est encore pis qu'à Saint-Laurent ; « nous allons rechercher les cadavres de vos victimes, des « filles, des femmes que vous avez lâchement égorgées ; « vous, ajouta-t-il, en s'adressant spécialement à un respec- « table vieillard, prêtre de la paroisse, combien en avez-vous « tuées pour votre compte (1) ? »

(1) On écrit de Paris, le 16 mai, à l'*Univers* :

« Certains meneurs du parti démagogique redoublent d'efforts pour exciter la foule contre les prêtres. L'affaire du couvent de Picpus n'ayant pas produit, grâce surtout aux concluantes et vigoureuses observations de l'*Univers*, tout l'effet espéré, on a soulevé l'affaire de l'église Saint-Laurent.

« C'est là une vieille histoire. Déjà, il y a quelques années, on avait cherché à faire du scandale à propos des caveaux de cette église. Aujourd'hui, les circonstances promettant le succès, on s'est remis à l'œuvre. Les caveaux qui avaient servi de sépulture ont été fouillés, on a exhumé les cadavres, et le citoyen Caryat, très-digne

« Alors commença la perquisition. — On trouva sans peine, dans les cryptes, — car ils n'étaient point cachés, — des squelettes provenant des inhumations faites dans les caveaux de l'église, et remontant aux XVIᵉ, XVIIᵉ et XVIIIᵉ siècles.

« Pour tout homme, nous ne disons pas de science, mais de sens commun, l'aspect de ces débris atteste leur antiquité. Tout cela avait duré une partie de la nuit du mercredi au jeudi ; mais il va de soi que ce n'était qu'une entrée en matière et qu'un prétexte.

« Alors commença la véritable opération : la dévastation complète de l'église et le vol de tout ce qui s'y trouvait. Les lampes, les lustres, les vases sacrés, les ornements d'église, provenant presque tous des dons, et dont quelques-uns avaient une valeur considérable, ont été tous enlevés ; les tabernacles, également brisés et arrachés, ont disparu ; les cœurs en or et en argent en quantité innombrable, ainsi que 150 croix de la Légion d'honneur environ, qui étaient appendus sur les murs comme *ex voto*, ont disparu ; les deux couronnes en or enrichies de diamants, données par le Pape et destinées, l'une à la statue de la Vierge, et l'autre à celle de l'Enfant Jésus, ont été enlevées ; ces deux objets ont une valeur d'environ 90,000 francs. La caisse et les troncs furent vidés ; tous les gardes nationaux, sans distinction de grades, y puisaient à pleines mains ; une partie

de cette besogne, en a fait une image émouvante illustrée de commentaires. Le tout a été affiché et se crie dans les rues : « Demandez, ça vient de paraître, les horribles assassinats des prêtres, les quatorze cadavres de l'église Saint-Laurent ! »

« Les crieurs ne se privent pas de joindre à ce résumé des observations de leur crû. C'est abominable. Et le peuple hébété croit que les prêtres de Saint-Laurent ont assassiné quatorze personnes et les ont enterrées dans leur église. »

de l'argent enlevé par les officiers du bataillon ; le reste a disparu.

« Pendant cette orgie de dévastation, quelques hommes de la bande s'affublèrent d'ornements d'église et firent une ignoble parade. La cantinière caressait le menton de quelques-uns de ces hommes et les accompagnait du geste et de la voix, ou, prenant une pose provocante, venait se placer devant les ecclésiastiques prisonniers, qui assistaient consternés à toutes ces horreurs.

« Plusieurs membres de la fabrique ont même été arrêtés, ainsi que des passants qui auraient, paraît-il, manifesté publiquement le dégoût que leur inspirait un pareil spectacle.

« Nous avons trouvé l'église occupée par le 125e bataillon et par un détachement des *francs-tireurs de la Marseillaise* ou *tirailleurs de Flourens* ; ces derniers sont presque tous très-jeunes et coiffés d'un képi blanc à bandes rouges.

« Derrière la grille et devant la porte d'entrée étaient rangés symétriquement une grande quantité de débris d'ossements que nous avons pu examiner et qui nous ont paru dater de plusieurs siècles. Une foule nombreuse se pressait contre les barreaux de la grille pour contempler ce spectacle.

« L'église, dans laquelle nous sommes entrés, a été saccagée de fond en comble ; le sol est jonché de débris de linge et d'aubes dont on a eu soin d'arracher la dentelle ; les autels et toutes les boiseries sont brisés comme avec des marteaux et sans doute à coups de crosses ; le bas-relief qui ornait le devant du maître-autel est mis en pièces.

« Nous avons rencontré un officier qui portait à sa boutonnière un ruban en laine rouge au bout duquel était suspendu un petit cœur en or ou en vermeil, et provenant du pillage de la chapelle de la Vierge.

« Dans la sacristie, toutes les armoires ont été ouvertes ou défoncées. Des missels, des registres de toutes sortes ont été jetés sur le sol et gisent à terre. Quant aux objets de quelque valeur, ils ont tous été enlevés. »

On écrivait de Paris à la *Décentralisation*, de Lyon :

« L'église de Notre-Dame des Victoires a été l'objet de ma première visite.

« Au lieu de cette foule compacte et recueillie qui l'encombre d'habitude, le vide et un silence de mort. Dans le tambour de la porte un cadavre grimaçant et infect. Sur le sol, des traces d'orgie ; sur les boiseries, des vers orduriers écrits à la craie.

« Ex-votos, chandeliers, tabernacles, lampadaires, tout ce qui pouvait tenter la cupidité a disparu ; et partout des inscriptions portant : *Mort aux voleurs*. Dans les sacristies, un fouillis d'étoffes précieuses déchirées et traînées, des vases à ornements renversés, tordus.

Au-dessus de cette désolation, la statue de la Vierge, solitaire, mais intacte. Je ne l'ai jamais vue si belle. Quelques objets ayant une valeur exclusivement artistique semblent avoir été mis à part et puis oubliés.

« Sous l'autel de la Vierge se trouvaient des reliques données, je crois, à l'église par Grégoire XVI, et qui, selon la mode italienne, étaient renfermées dans une figure de cire représentant les traits de la sainte. Cette tête de jeune femme a suggéré aux insurgés une étrange supercherie. Ils répandirent dans le quartier le bruit qu'un cadavre décapité venait d'être trouvé dans l'église ; et quand la foule s'assembla sur la place, tout en la tenant à distance en dehors des grilles, on lui montra la figure de cire disposée avec art de manière à lui donner l'aspect d'une tête humaine. Par malheur, la relique était trop connue dans le quartier. La supercherie fut vite éventée. »

Les marguilliers de l'église Notre-Dame des Victoires ont adressé la protestation suivante aux journaux, en les priant de la rendre publique. Nous la reproduisons, quoiqu'il y ait déjà des détails donnés ; on verra que les témoignages sont d'accord sur cette profanation abominable :

« Parmi les actes d'impiété et de sauvage barbarie commis par la Commune de Paris et par ses adhérents, nous devons signaler à l'indignation du monde catholique le sac, le pillage et la profanation du pèlerinage de Notre-Dame des Victoires, un des plus célèbres et des plus populaires de notre temps. Le mercredi 17 mai, veille de l'Ascension, un commissaire de police du nom de Le Moussu, qui s'est fait une triste célébrité par ses exécutions, envahit l'église, à la tête du 159ᵉ bataillon de la garde nationale, appartenant au vingtième arrondissement (quartier de Belleville), à cinq heures moins un quart, au moment où finissait l'exercice du mois de Marie.

« Pendant qu'il expulsait brutalement, mais non sans peine, les fidèles restés dans la chapelle de la très-sainte Vierge, M. l'abbé Delacroix, sous-directeur de l'archiconfrérie, sauvait les saintes espèces, qu'il emportait, escorté d'un marguillier, dans l'église de Saint-Roch. Le Moussu, après avoir mis en état d'arrestation deux vicaires de la paroisse, MM. les abbés du Caurroy et Amodru, et deux membres du conseil de fabrique, ordonna le sac de l'église. Une rage vraiment infernale fut déployée dans cette orgie communeuse : les tabernacles furent arrachés, les autels démolis, les confessionnaux renversés, les dalles du temple brisées.

« Le corps de sainte Aurélie, qui reposait sous l'autel de la sainte Vierge, et celui du vénérable M. des Genettes, ancien curé de la paroisse et fondateur de l'archiconfrérie, inhumé au pied du même autel, furent profanés. Les caveaux renfermant les ossements desséchés des religieux augustins qui étaient morts dans cet ancien couvent furent violés. En même temps, on volait l'argent des troncs, on dépouillait l'église de tous ses ornements sans exception, on dévalisait les sacristies, la fureur de ces misérables ne s'arrêta que lorsque le sanctuaire ne présenta plus que l'aspect de la ruine.

« Alors commença une autre orgie non moins navrante. L'argent trouvé dans l'église avait été partagé entre ces héros de pillage. Il servit à payer les frais d'une ripaille à laquelle prirent part des cantinières et d'autres femmes de mœurs douteuses. Ces revenants de 93 se revêtirent des ornements sacerdotaux et simulèrent des cérémonies religieuses où l'odieux était mêlé au grotesque. La saturnale ne cessa que lorsque la fatigue et l'ivresse eurent couché les pillards sur le carreau.

« Le lendemain, ils firent sur le seuil de la porte une exposition des ossements des religieux trouvés dans les caveaux, et ils montrèrent de loin au peuple assemblé sur la place la tête en cire, ornée de cheveux recouvrant le crâne, de sainte Aurélie, qu'ils présentèrent comme la tête d'une jeune fille assassinée récemment par les prêtres de l'église. Puis, pour compléter ce hideux tableau, ils firent sur la place publique le simulacre de se donner réciproquement la sainte communion au moyen de pains azymes non consacrés qu'ils avaient trouvé dans les sacristies et dont ils jetèrent les restes au vent en signe de mépris.

« Par décence, nous ne parlerons pas des ignobles traces de leur séjour qu'ont laissées en partant ces hommes que les doctrines du socialisme et du communisme ont fait descendre bien au-dessous de la brute.

« Nous dénonçons ces faits horribles et impies à l'univers entier. Nous demandons au monde catholique des larmes et des prières d'expiation pour les profanations infligées à ce sanctuaire vénéré de Notre-Dame des Victoires, source de tant de grâces obtenues par l'intercession de Celle qui est le refuge des pécheurs et qu'on n'invoque jamais en vain.

« Les touchants témoignages de ces bénédictions recouvrent les murs du temple comme d'un revêtement d'honneur et confondent dans un même sentiment de reconnaissance les pays les plus divers du globe : la France, l'Italie, l'Angleterre, l'Espagne, la Pologne, l'Amérique, l'Asie, l'Afrique et jusqu'aux îles lointaines de la Polynésie. Que de toutes ces contrées parte un cri de douleur en réparation et aussi une prière pour la conversion de la France et de Paris en particulier.

« Les marguilliers de l'église Notre-Dame des Victoires. »

§ V. — *Pie IX envoie des secours et des vases sacrés aux églises de Paris pillées par les sectaires* (1).

Voici les belles réflexions de la *Correspondance de Genève*, à propos des 30,000 francs, des vases et ornements sacrés dont Pie IX a fait don à la ville et aux églises de Paris :

« Vicaire de Jésus-Christ, Pie IX n'est pas seulement le

_____

(1) On écrivait de Rome, le 3 juin, à la *Décentralisation* :
« Sa Sainteté a récemment fait don aux églises de France, ravagées et pillées par la révolution, de quatre-vingt-trois calices et ciboires et d'une quantité immense d'ornements sacrés qui lui ont été envoyés pour sa Messe d'Or en 1869. Ses pensées sont toujours avec la France. »

représentant de sa puissance et l'écho infaillible de sa vérité : il est, de plus, l'image, l'apparition vraiment céleste
de sa charité. Son œil paternel, se promenant sur le monde,
cherche constamment dans son immense famille des misères
à soulager, des désastres à réparer, des blessures à guérir.
Le cri des calamités publiques ne monte jamais inutilement
jusqu'à son oreille, et son premier mouvement est de chercher autour de lui quelque chose à donner. Ce grand cœur,
qu'aucune menace n'ébranle, qu'aucune persécution ne dé-
concerte, qu'aucun malheur ne fait fléchir, est en même
temps le cœur le plus accessible à la tendresse et à la com-
passion.

« Aucune nation peut-être n'a reçu des marques plus
signalées de cette tendre et inépuisable charité que la nation française. Il a toujours laissé paraître une affection
toute particulière pour elle, et l'on peut dire, tant il aime
la France, qu'il a vraiment un cœur français. A la seule
perspective des malheurs de ce pays, il s'écriait en gémis-
sant : « Pauvre France ! » Et ce même cri se mêlait à ses
larmes quand la triste réalité vint justifier ses prévisions.
Depuis lors, on peut dire que son regard ni sa pensée ne se
détachent plus de la fille aînée de l'Église.

« Le double secours qu'il lui adresse prouve combien il
est touché de ses infortunes et oublieux de ses fautes et des
injures qu'il a reçues. Se souvient-on qu'il y a un an à
peine, le gouvernement impérial eut l'insigne bassesse de
retirer tout à coup à la monnaie pontificale le droit de libre
circulation ? Cet argent, qui, de l'aveu des experts, avait
absolument le même titre que l'argent français, fut donc
traité comme de la fausse monnaie. Grâce au ministre qui
eut le triste courage d'attacher son nom à cette mesure
inique, le nom de Pie IX devint l'objet des imprécations
d'un peuple ignorant qui appela faux-monnayeur, spécu-

lant sur la fortune française, le plus loyal et le plus généreux des pontifes.

« Or, voici que l'argent pontifical revient à la France. Repoussé par l'injustice et l'insolence impériales, il reflue en secours et en aumônes vers la France appauvrie et épuisée. Le Pape y ajoute tous les dons splendides qui lui sont offerts de toutes les parties du monde, merveilles de l'art en or et en argent. Voilà sa réponse à M. Buffet ; voilà comment Pie IX sait se venger.

« Atteint lui-même cruellement par le contre-coup des désastres que, par ses avertissements et ses conseils, il a vainement tenté de prévenir, détrôné, captif, dépouillé de tout par les Piémontais, n'ayant plus même ce maigre budget avec lequel il entretenait sa pauvre cour et subvenait aux innombrables nécessités du gouvernement de l'Eglise universelle, Pie IX trouve encore de quoi soulager sa France bien-aimée. Ce n'est pas une de ces faciles aumônes qui ne coûtent aux princes que la peine de signer un ordre à l'intendant de leur liste civile ou au ministre de leur maison ; c'est une aumône personnelle. Pie IX, sans attendre que ses geôliers étendent leurs mains rapaces sur ce qui reste encore à l'usage de sa personne, se hâte de s'en dépouiller en faveur de la France.

« La loi des garanties, qui déclare propriété d'Etat tous les objets d'art appartenant au Pape, permettra-t-elle à ces opulentes aumônes d'arriver à la destination que le grand cœur de Pie IX leur a faite? Naguère, le procureur général de Bologne estimait qu'un don de ce genre était un vol fait à l'Italie, et envoyait saisir une tabatière en or que Pie IX avait donnée pour que le produit qu'on en retirerait fut employé au soulagement des pauvres. Ici le cas est plus grave encore, car c'est de secourir la France qu'il s'agit.

« Chose étrange au premier abord, mais effet naturel de

la pente opposée que suivent les affections de Pie IX et celles de l'Italie révolutionnaire, Pie IX, combattu, sacrifié par le gouvernement français, pleure sur les ruines de la France et se dépouille pour l'assister; le royaume subalpin, créé par l'or et le sang français, applaudit aux infortunes de la France, se réjouit de ses maheurs, et sa main ingrate autant que cupide, ne demanderait pas mieux que de s'étendre sur les secours que Pie IX lui destine.

« L'Italie régénérée verrait à cela double profit, son bien et le mal de la France.

« Que celle-ci cherche autour d'elle, maintenant que l'adversité a révélé le fond des cœurs, où sont ses alliés d'hier et ses amis fidèles? Qui lui a tendu la main au jour de l'épreuve? Qui maintenant lui témoigne autre chose que de stériles sympathies? Il est un prince dont sa politique a causé la ruine, sur le dévouement duquel le gouvernement d'alors n'avait aucun droit de compter, l'ayant menacé, sourdement miné, trahi en l'abandonnant brusquement aux attaques de ses ennemis, et c'est celui-là qui lui demeure et qui, malheureux lui-même, ne songe qu'à adoucir ses malheurs. Ce cœur magnanime, cet allié constant et fidèle, cet ami des mauvais jours, ce n'est pas Victor-Emmanuel, c'est Pie IX. »

§ VI. *Les écoles catholiques et les institutions charitables abolies par la Commune.*

La liberté d'enseignement et la charité n'étaient pas plus respectées par ces démagogues de la pire espèce que la liberté de conscience (1).

(1) Paris compte bon nombre de citoyennes qui sont, en tout, pour le principe de la communauté. Ces dames fondent des clubs où

On écrivait à ce sujet de Paris à l'*Univers* :

« En même temps que les églises, la Commune a transformé les écoles. On vient de décréter d'urgence que dans toutes les écoles l'enseignement laïque remplacerait l'enseignement religieux. Une commission a été nommée à cet effet. La transformation s'est faite de la manière la plus simple. Déjà, par les soins des municipalités, un grand nombre de Frères et de Sœurs avaient été chassés de leurs écoles. La Commune a continué de les expulser ; en même temps, elle faisait appel aux instituteurs laïques, accusant les religieux d'avoir abandonné leur poste. « Nous espérons, « disent les rédacteurs de cette pièce, que chacun reconnaî-

elles exposent leurs vues. Voici l'exposition de principes faite, au club des citoyennes de Passy, par une de ces femmes libres ; c'était la présidente et elle était d'âge mûr :

« Notre but est de fonder une société de citoyennes, dite Société d'émulation, au profit de la *bonne Commune* de Paris.

« Les déléguées de la Commune ont déjà installé leur société dans tout Paris, à l'exception de Passy, qu'elles avaient réservé pour la fin.

« La Commune, continue l'orateur en s'échauffant, nous l'avons à présent et nous ne la perdrons jamais. La femme, qui ne gagnait que 1 fr. 50 c., gagnera désormais 3 francs. Le bourgeois, qui est notre ennemi, sera supprimé. Il n'y aura plus de prêtres, plus de bourgeois.

« Qui est-ce qui s'engraisse des sueurs du peuple ? c'est le bourgeois. Qui donc se fait construire des châteaux, tandis que le peuple vit dans de misérables mansardes ? Pendant que Versailles massacre le peuple, qui donc refuse de se battre ? — C'est encore le bourgeois.

« Non, non, plus de bourgeois, plus de prêtres ! Que les églises deviennent des ateliers, que les bourgeois et les prêtres travaillent avec nous de leurs propres mains. Non, plus de Sœurs, plus de Frères, ce sont des fainéants ! Ils parlent du bon Dieu et du ciel, l'ont-ils jamais vu ? — Moi, je ne l'ai pas vu. »

« tra que jamais occasion plus solennelle ne nous a été
« offerte d'inaugurer plus définitivement l'instructionn laï-
« que, gratuite et obligatoire.

« L'ignorance et l'injustice font place désormais à la lu-
« mière et au droit.

« Vive la Commune ! Vive la République ! »

« L'expulsion des Sœurs de Paris n'a pas eu lieu sans
protestation. Les enfants désertent les écoles ou se révoltent
contre les maîtres étrangers. Souvent les gardes nationaux
sont obligés d'intervenir. Le nouvel enseignement est conforme au programme de la Commune ; il n'y est plus question de religion ni de Dieu ; les crucifix, les statues de
la sainte Vierge, les images pieuses, tout a disparu ;
on ne fait plus de prières, mais on chante la *Marseillaise*.
Le cinquième arrondissement a le privilége de se distinguer
entre ses voisins, il est l'égal des arrondissements admi-
nistrés par MM. Mottu et Bonvalet (1). Le fanatisme impie
des hommes de la Commune s'est étendu jusqu'aux hôpi-

(1) Au nombre des personnes arrêtées se trouve la directrice de
l'école primaire de la rue de la Tombe-Issoire, dirigée précédem-
ment par les sœurs de Saint-Vincent de Paul. C'est une grosse
commère qui avait mis en pratique le programme d'enseignement et
d'éducation rédigé par le citoyen Delescluze. Lorsqu'elle prit possession de cette école au nom de la Commune, elle commença par faire
briser les images du Christ et de la Vierge qui se trouvaient dans la
salle d'étude.

Puis elle annonça aux élèves qu'on ne faisait plus de prières,
attendu qu'elles étaient inutiles puisqu'il n'existait pas de Dieu.
Enfin, elle commençait l'ouverture de la classe par le chant de la
Marseillaise, et la terminait de même. Cette singulière institutrice,
nommée par la Commune, a eu le privilége de voir, chaque jour, les
élèves déserter l'école. La veille de l'entrée des troupes du gouvernement dans Paris, elle n'avait que six élèves. Pendant que les sœurs
de Saint-Vincent de Paul la dirigeaient, elle comptait deux cent cinquante élèves.

taux. Les Sœurs de Saint-Vincent de Paul ont été chassées de la plupart de ceux qu'elles desservaient, et leurs pauvres habits, leurs cornettes elles-mêmes confisqués. Des citoyennes infirmières les remplacent à raison de 2 fr. 50 par jour. La Commune s'est bien gardée de consulter les malades et même ses propres blessés.

A ce prix là (non compris les petits *boni* de l'emploi), les infirmières ne manquent pas plus que les institutrices. Tout ce qu'il y avait à Paris de filles interlopes quelque peu lettrées s'offre pour les écoles. Ces dames forment des comités, tiennent des séances, discutent, traitent toutes les questions, réforment le monde dans les heures de loisir que leur laisse l'enseignement de l'alphabet et des quatre règles. (1).

La Commune avait tellement multiplié ses attentats contre le clergé et toutes les œuvres fondées et soutenues par nos prêtres, que les journaux n'ont pu en faire connaître que la moindre partie. En voici un dont on n'avait pas encore parlé :

« Le mercredi 10 mai, une troupe de gardes nationaux envahit l'orphelinat de Saint-Honoré, avenue d'Eylau, 105. Cet établissement, qui est la propriété privée de M. l'abbé Chéruel, curé de la paroisse de Saint-Honoré, renfermait soixante-quinze orphelines, neuf religieuses de la Sagesse, et quelques personnes affectées au service de la maison. Il avait surmonté les dures épreuves du long siége des Prussiens : aucune enfant n'avait été congédiée, malgré la diffi-

(1) Le plus grand nombre des blessés de l'insurrection a succombé, soit à cause de l'abus des boissons, soit aussi par défaut de soins intelligents et charitables. On n'improvise pas des sœurs de charité, et surtout on ne les remplace pas par des mégères.

culté de pourvoir à l'entretien d'un si nombreux personnel, et l'on espérait traverser encore heureusement la crise imposée à Paris par les sectaires de la Commune. Mais la haine sauvage de ces fanatiques contre les établissements religieux ne devait pas épargner celui-ci plus que les autres. Ces prétendus amis du peuple se sont rués sur cet asile ouvert aux enfants du peuple. Un fourneau économique, généreusement mis à la disposition de la mairie du dix-huitième arrondissement et desservi gratuitement par les sœurs de la Sagesse ; des distributions de pain et de viande faites par M. le curé ; tous les services rendus au quartier par les œuvres nombreuses dont l'orphelinat était le centre, rien n'a pu sauver cet établissement fondé et entretenu avec tant de peines.

Depuis trois semaines il était menacé. Une des orphelines qui y avaient été recueillies, et dont un parent appartient à la Commune, avait reçu cette confidence : *Si tu aimes ton curé et tes religieuses, dis-leur de se tenir sur leurs gardes et de se mettre en sûreté, car dans quelques jours il n'y fera pas bon.* Cette enfant suppliait chaque jour ses bienfaiteurs de fermer la maison et de partir ; mais malgré les avertissements qui venaient de là et d'ailleurs, M. le curé et les sœurs ne pouvaient se résoudre à prendre une mesure si affligeante. Toutefois, pour n'être pas pris au dépourvu par les événements, M. le curé sollicita et obtint de M. le maire de Montmorency une maison communale inoccupée, par suite du mauvais état dans lequel l'avaient laissée les Prussiens. C'est là que furent conduites la plus grande partie des enfants et des Sœurs.

» On espérait que les plus petites des orphelines pourraient sans inconvénient rester avenue d'Eylau et protéger même la maison par leur présence. Qui eût pu croire, en effet, que de pauvres petits enfants du peuple ne trouveraient pas grâce devant le peuple? Mais il a suffi que ces enfants fussent confiées à des religieuses pour que cette horde impie vînt troubler et détruire leur asile. Ils sont donc venus, le blasphème à la bouche, espérant s'emparer des trois religieuses qui étaient restées, mais qui, averties à temps, avaient déjà pu s'enfuir. Désappointés et furieux, ils s'en sont pris aux personnes respectables à qui les sœurs avaient confié la maison, les traitant de femmes attachées aux talons des religieuses et ne leur épargnant aucune forme d'insolence. Ils ont fouillé la maison dans l'espoir de trouver les sœurs, ils ont soumis les pauvres enfants toutes tremblantes à de haineuses interrogations. Mais ne pouvant en tirer aucun témoignage qui ne fût un touchant éloge des soins et de la tendresse des sœurs, ils ont insulté les enfants elles-mêmes, les accusant d'être élevées dans le mensonge. L'un de ces hommes a osé ouvrir son porte-monnaie et proposer à ces pauvres petites de leur donner de l'argent si elles voulaient dire la vérité et leur montrer où les sœurs étaient cachées.

Pour couronner ces violences, ordre fut donné d'évacuer la maison et de laisser la place à la garde nationale, qui s'en empara ainsi que du presbytère. Il y aurait de quoi décourager ceux qui vouent leur existence au bien public ; mais, dit l'Ecriture, les justes resteront fermes dans une grande constance en face de ceux qui les persécutent et qui détruisent leurs œuvres. *Stabunt justi in magná constantiá adversus eos qui se angustiaverunt et qui abstulerunt labores eorum.*

Les religieuses de l'orphelinat de Saint-Honoré et leurs enfants sont aujourd'hui réunies sous la conduite de leur pasteur, dans le local que la charité de M. de Foresta, maire de Montmorency, a bien voulu mettre à leur disposition provisoirement et en attendant le jour de la justice.

— L'expulsion des sœurs de la Charité de la Maison-Blanche, à Paris, a été marquée par un incident qu'on nous rapporte et qu'il est encore bon de noter. La supérieure vit parmi les fédérés chargés de l'exécution, un individu qu'elle avait secouru d'une façon particulière et préservé tout au moins de la prison pour dette. Elle ne peut dominer un mouvement de surprise. — « Eh bien! oui, c'est moi, s'écria le communeux, et il est bien juste que je me venge de l'humiliation d'avoir reçu quelque chose de vous. » Voilà jusqu'où peut aller la reconnaissance de la canaille.

— Le jour de la fête de l'Ascension, les sœurs de l'Hôtel-Dieu n'ont pas eu la messe. Saint-Julien le Pauvre est fermé par l'ordre du citoyen directeur. Il avait donné sa parole qu'il laisserait aux sœurs leur crucifix. Il est venu leur dire : Je ne reprends pas ma parole, je ne vous les ôte pas, mais si vous les gardez d'ici à deux jours on viendra vous les arracher et on les brisera sous vos yeux. Mettez-les en sûreté ! Pour l'amour des membres souffrants de Jésus, elles ont consenti à cacher son image (1).

§ VII. — *Perquisitions chez les Petites-Sœurs des Pauvres.*

Tout au haut du faubourg Saint-Antoine, dans le quartier de Picpus, vers sept heures du soir, — si le récit que nous avons pu recueillir est exact dans ces petites circonstances, — au moment où les vieillards se couchaient et où les Petites-Sœurs allaient prendre leur collation, un coup de feu retentit à la porte de la maison.

C'est le signal, on le sait, par lequel ces sortes d'expé-

_____

(1) Le préfet de Bordeaux, M. Allain-Targé, visitant une ambulance : « Ma sœur, à quoi vous sert ce grand pendu? » montrant le crucifix. — « Monsieur le préfet, il nous sert à supporter toutes nos misères et des insolences comme les vôtres. » Le préfet tourna les talons sans souffler mot.

ditions s'annoncent. Emoi de la petite communauté et terreur dans tout l'asile. On ouvre les portes ; une troupe de près de cent hommes se précipite avec fracas dans la maison. Ils sont menaçants, l'officier surtout paraît échauffé et terrible : « Fermez les portes, s'écrie-t-il, placez des factionnaires, et si une seule de ces femmes essaie de sortir, fusillez-la. »

La supérieure de la maison, celle que dans l'usage de la petite famille on appelle la bonne mère, était présente. Le commandant, de ce ton dont il parlait à ces hommes et qui n'admet pas de réplique, lui demande à visiter la caisse.

La bonne mère le conduit tranquillement à son tiroir, l'ouvre et expose à ses yeux les trésors de la communauté.

Je n'en sais pas le chiffre, mais ce chiffre étonna le capitaine : « Vous n'avez que cela ? dit-il d'un air de défiance et d'interrogation. — Pas davantage, répondit la bonne mère, c'est tout ce que nous possédons : les Petites-Sœurs vivent au jour le jour, comme les oiseaux du ciel. Du reste, Monsieur, vous pouvez chercher partout. »

Il ne refuse pas ; elle le conduit par la maison. C'était le soir, nous l'avons dit. Les vieillards étaient sur le point de se coucher, quelques-uns étaient déjà dans leur lit. On entre dans le dortoir ; notre capitaine y entend un concert auquel il ne s'attendait pas. Les prières et les supplications partent de tous côtés et se mêlent aux injures et aux malédictions.

— Que voulez-vous faire à nos bonnes Petites-Sœurs ? c'est indigne, c'est une honte ; vous êtes des lâches ! Mon bon Monsieur, que deviendrons-nous si vous nous les enlevez ?

Les bonnes femmes étaient furieuses, quelques bons hommes pleuraient. Le capitaine se sent troublé. Il tâche de rassurer tout ce pauvre monde.

—·N'ayez pas peur, bonnes gens, nous ne ferons aucun mal aux sœurs, leur dit-il. Il avance ainsi quelque temps ; mais plus il avance, plus il a à multiplier ses promesses et plus il s'engage. Il s'arrête enfin.

— Ma sœur, dit-il, vous n'avez pas fermé votre tiroir.

— C'est vrai, Monsieur, répond la bonne mère, mais je n'en ai pas l'habitude. Chez nous, vous savez, c'est bien inutile.

— Du tout, du tout, reprend l'officier, il faut fermer, cela vaut mieux ; je ne connais pas tous les gens qui sont là. Il rebrousse chemin vivement, ferme le tiroir sans toucher au contenu et remet la clef à la bonne mère. Il est ému et tout à fait radouci ; il ne peut s'empêcher de dire :

— Je ne savais pas ce que c'était que les Petites-Sœurs ; c'est bien beau ce que vous faites... se dévouer ainsi à tous ces pauvres vieux !

En le voyant si bienveillant, une petite Sœur des plus effrayées dans le principe, une sœur Simplicienne, comme il y en a dans toutes les communautés, se hasarde d'approcher et de dire : Monsieur l'officier, nous avons grand peur. On nous a dit que les rouges voulaient venir chez nous pour faire des perquisitions. Vous serez assez bon pour nous protéger ! — Certainement, répond l'officier. Donnez-moi la main, ajouta-t-il en tendant la sienne, je vous promets que si quelqu'un veut vous tourmenter, il aura affaire à moi.

Cependant, la supérieure offrait à boire à la compagnie. Quelques gardes seulement acceptèrent. Le plus grand nombre refusa, et toute la troupe prit congé d'un tout autre air qu'elle n'était entrée.

« Je ne savais pas ce que c'était que les Petites-Sœurs ! » Combien d'autres de ces malheureux égarés l'ignorent aussi ! — *Pater, dimitte illis.*

Ils sont coupables, sans doute, les vrais misérables sont

ceux qui leur persuadent que les communautés religieuses renferment des richesses et fomentent des complots. Ceux-là, Dieu peut toujours les pardonner ; mais la société leur doit demander un compte sévère de leurs perversités, sinon elle périra, malgré tous les trésors de foi, de prière et de charité qu'elle renferme dans son sein, et qui ont si vivement touché et transformé l'officier et les gardes nationaux dont nous parlons.

Une courageuse femme, restée à Paris jusqu'aux derniers jours de la Commune, nous adresse le récit suivant d'un épisode qui a marqué l'entrée de nos troupes :

« Rester à la maison, c'est notre devoir, à nous autres, mères de famille ; c'est notre gloire et notre salut. A l'approche de nos malheurs, on m'avait dit : « Fuyez ! » Je répondis : « Avant le Christ, le plus grand éloge qu'on pût faire d'une femme, c'était, *domum mansit*. Depuis qu'il est venu, quel est le suprême honneur ? Ressembler à Marie, qui se tenait *debout* près de la Croix. *Stabat Mater.* »

« Donc, je suis restée au logis, et bien d'autres qui avaient à le faire plus de mérite que moi, puisque leurs maris et leurs fils avaient dû fuir. Toutes ces bonnes femmes ont fait du bien : toutes ont servi d'instrument à la Providence pour atténuer les vengeances. — Une pauvre hôtelière de mon voisinage a sauvé deux maisons vouées à la destruction, et quelles maisons ! — Voici comment :

« Au moment où les Français approchaient et où l'épouvante et le désordre se mettaient dans les rangs des fédérés, deux d'entre eux, excédés de fatigue, noirs de poussière, l'air égaré, vinrent boire chez cette femme et y reposèrent quelques instants. Le petit garçon de la maîtresse du logis les écoutait, sans qu'ils fissent attention à lui. Tout à coup il court à sa mère et lui dit tout bas : « Maman, je les ai entendus. Ces deux hommes-là sont chargés de mettre le feu chez les Petites-Sœurs des Pauvres et au collége. J'en suis sûr. »

« La pauvre mère se hâte d'aller à eux, elle les flatte, les plaint. « Quel malheur ! dit-elle. La Commune est perdue ! Vous avez beaucoup de courage, vous êtes des braves, et vous allez périr ! — C'est vrai, disent ces hommes; mais nous ne mourrons pas sans vengeance. — Oui, répond-elle, je le sais ; vous voulez mettre le feu au collége, qui est plein d'enfants innocents. Chez les Petites-Sœurs, où il y a deux cents vieillards malheureux? Y avez-vous pensé? Votre père et votre mère seront peut-être, un jour, recueillis par les Petites-Sœurs? Avez-vous des enfants? — J'en ai cinq, dit un de ces hommes, et il se met à pleurer. — Eh bien, il faut vous échapper ! — C'est impossible, nous sommes cernés, et tout le monde nous a vus sur la barricade. — Promettez-moi de ne pas mettre le feu, donnez-moi vos armes et je vous gage que je vous sauverai? »

« Ils se laissent persuader. Elle saisit les armes, les cartouches, jette tout dans les lieux, et, prenant les habits de son mari absent, déguise à la hâte les deux fédérés et les cache avec soin. La nuit suivante, elle les fit évader.

« L'un d'eux est venu la remercier hier, chose méritoire, car il vient de loin. « Vous m'avez épargné un crime et sauvé la vie, a-t-il dit. Je vous promets de vivre désormais en bon et honnête ouvrier. »

« Les Petites-Sœurs ont su tout cela et me l'ont raconté. Leur bienfaitrice inconnue s'est fait recommander à leurs prières. Certes, elles ne lui manqueront pas. »

Une sœur hospitalière frappée par un obus des insurgés.

Un correspondant du *Français*, témoin oculaire, raconte ainsi dans ce journal la scène lamentable dont il a été témoin :

Les religieuses de Saint-Cloud, au début de la guerre, ne voulaient pas quitter leur demeure. L'hôpital abritait quelques blessés. Les Prussiens en avaient décidé autrement : ils forcèrent les filles de Saint-Vincent de Paul à se réfugier dans Paris, pillèrent l'hôpital, mirent les malades sur le pavé, et livrèrent l'hospice aux flammes. L'école fut à peu près épargnée.

Le siége levé, les sœurs grises revinrent dans les ruines, au milieu des décombres, reprendre leur double mission.

La maison n'a plus de toit, les murs sont ébranlés en partie : ce qui reste debout est lézardé, noirci, calciné. On se demande comment des femmes ont osé pénétrer au milieu de ces débris menaçants.

Il y a dix jours seulement, sœur Augustine revint de Paris rejoindre ses compagnes. Elle avait aussitôt repris ses classes, réuni ses petites élèves, heureuses de se retrouver autour de la jeune et courageuse institutrice.

La classe était finie. Le lendemain jeudi, jour de congé, la sœur devait partir en commission pour Versailles. A six heures du soir, elle était occupée avec la supérieure à préparer les lits pour la nuit : la classe redevient chaque jour, après le départ des enfants, le dortoir de la communauté.

Le bruit du canon ne cessait pas : les bonnes sœurs n'y prenaient pas garde. Un obus de la batterie du Point-du-Jour, occupée par les insurgés, tomba sur la voie du chemin de fer, à quelques mètres de l'hôpital. C'était le premier qui atteignait l'amas de ruines qui fut Saint-Cloud. A quelques minutes d'intervalle, nouvelle détonation, cette fois terrible, épouvantable. L'obus traverse la persienne d'une fenêtre de la chapelle, pénètre dans la classe, renverse la cloison de briques contre laquelle se tenait la supérieure et éclate. On n'entendit qu'un cri.

Étourdie du fracas de l'explosion, aveuglée par la poudre et la poussière, presque enterrée sous les débris, la supérieure se sauve, le corps contusionné, dans la salle voisine. Une autre religieuse s'y trouvait : elle court à sœur Augustine, ne voit rien que deux tables brisées, une armoire broyée, des lits renversés, des plâtras amoncelés. Elle appelle : « Ma sœur? Ma sœur Augustine, où êtes-vous? Venez, venez donc par ici. Une voix affaiblie, presque mourante, lui répond : — Impossible, ma sœur, j'ai les jambes brisées! — Elle était là gisante contre le mur, accroupie dans une mare de sang en face de l'ouverture qu'avait pratiquée le projectile. Sa compagne essaye de l'emporter dans ses bras, ses forces la trahissent. Un autre obus peut venir achever la victime; la sœur prend la blessée sous les bras, la traîne et la dépose aux pieds de la supérieure atterrée ; puis on la transporte dans une cave : elle avait les deux jambes horriblement broyées. Un énorme éclat était resté dans les chairs. Le docteur Taher, maire de Saint-Cloud, mandé d'urgence, arrive, opère l'extraction de l'éclat d'obus et l'amputation de la jambe gauche.

La jeune victime, elle n'a pas trente ans, a supporté sans une plainte l'affreuse opération ; elle avait refusé d'être endormie au chloroforme. Elle-même voulut savoir du médecin si sa blessure était mortelle : « Je n'appréhende pas la mort, docteur, vous me devez la vérité. » Hélas ! elle est triste, la vérité ! La mort est inévitable, elle est proche. Sœur Augustine agonise...

Les petites filles qu'elle a vues naître et grandir, dont elle a formé l'intelligence et le cœur, stationnent à la grande porte de l'hôpital, sans souci du danger qui les menace. Avec des larmes dans les yeux et dans la voix, elles demandent aux personnes qui sortent des nouvelles de leur institutrice.

Le curé de Courbevoie au milieu de l'émeute.

Au plus fort de la bataille, à l'heure où les projectiles sifflaient de toutes parts, pendant que la mitraille faisait des ravages dans les rangs des fédérés, un homme, un modeste héros, un prêtre, le curé de Courbevoie, arriva sur le champ de bataille pour porter secours aux malheureux blessés.

Il allait de l'un à l'autre, relevant celui-ci, exhortant celui-là, prodiguant aux agonisants les consolations les plus touchantes.

De tous côtés ceux qui souffraient s'écriaient à la fois :

« A moi, monsieur le curé, à moi ! »

Et le digne homme se multipliait pour courir vers ceux dont les souffrances paraissaient vouloir un plus prompt soulagement.

Après avoir parcouru une partie du champ de bataille, donnant à boire à l'un, aidant l'autre à s'asseoir, il commença la plus pénible besogne. Il prit sur son dos un blessé, l'installa le mieux qu'il put, et le transporta non loin de là, derrière une maison effondrée au-dessus de laquelle flotte le drapeau de l'Internationale, et où un chirurgien fait les premiers pansements.

Après avoir déposé son précieux fardeau, le bon curé retourne sous le feu au champ de bataille et ramène un deuxième blessé, puis un troisième... A l'heure où nous sommes forcé de revenir, le brave prêtre, accablé de fatigue, en était à son onzième voyage.

A Courbevoie et à Nanterre, il n'y a qu'un cri d'admiration pour ce prêtre digne et courageux.

B.

ii

Cruauté des hommes de la Commune.

Voltaire a dit quelque part : qu'il vaudrait mieux être
gouverné par des démons que par des athées. La Révolution
française s'est chargée de justifier cette assertion du pa-
triarche de Ferney.

Les encyclopédistes eux-mêmes disaient : « Nier l'existence de Dieu, c'est vouloir peupler la terre de brigands, de
scélérats et de monstres (*Athéïsme*). » Jean-Jacques Rousseau
disait de son côté : « Si l'on persuadait aux hommes qu'il
n'y a plus d'enfer, cela mettrait les tyrans fort à leur aise.
(*Emile*, t. IV). »

Déjà nous les avions vu à l'œuvre en 1790 et 1793. Alors
comme aujourd'hui, *la liberté emprisonne, la fraternité
égorge, l'égalité traîne dans la boue.*

En trente ans, *huit* constitutions, *trente mille lois*, un
roi et des princes *immolés, dix millions* d'hommes sa-
crifiés !...

Quel frein pourrait arrêter, quand ils sont les plus forts,
ceux qui nient Dieu et l'immortalité de l'âme? Voyez-les à
l'œuvre : la patrie, la famille, l'humanité, rien ne les tou-
che, le but justifie les moyens. Mais pourquoi insister sur
ce point, quand les journaux nous apportent tous les jours

de nouvelles révélations sur les crimes et les projets mille fois plus épouvantables encore de ces ennemis du genre humain?

Nous nous contenterons donc d'en rapporter plusieurs.

§ I. *Documents historiques.*

Paris-Journal a pu se procurer un certain nombre de *monita secreta* de la Commune, trouvés la plupart sur des corps d'insurgés tués aux barricades :

COMMUNE DE PARIS.

ETAT - MAJOR GENERAL.

—

Au citoyen général Dombrowski.

Citoyen,

J'apprends que les ordres donnés pour la construction des barricades sont contradictoires.

Veillez à ce que ce fait ne se reproduise plus.

Faites sauter ou incendier les maisons qui gênent votre système de défense. Les barricades ne doivent pas être attaquables par les maisons.

Les défenseurs de la Commune ne doivent manquer de rien; donnez aux nécessiteux les effets que contiendront les maisons à démolir.

Faites d'ailleurs toutes les réquisitions nécessaires.

Paris, 2 prairial an '79.

DELESCLUZE, A. BILLIORAY.

P. O. le colonel d'état-major,

LAMBRON.

Voici la copie exacte d'un ordre du jour trouvé dans la poche du chef de la barricade de la rue du Château-d'Eau, le citoyen Jacquet :

COMMUNE DE PARIS.

Etat-Major de la place.

Le citoyen Jacquet est autorisé à requérir tous les citoyens et tous les objets qui lui seront utiles pour la construction des barricades de la rue du Château-d'Eau et de la rue Albouy.

Le vin seul et l'eau-de-vie sont et demeurent exceptés.

Les citoyens et citoyennes qui refuseront leur concours seront immédiatement passés par les armes.

Les citoyens chefs de barricades sont chargés d'assurer la sécurité des quartiers.

Ils doivent faire visiter les maisons suspectes, faire partout ouvrir les portes et les fenêtres durant la durée des perquisitions.

Toutes les persiennes doivent être ouvertes, toutes les fenêtres fermées.

Les soupiraux des caves doivent être surveillés avec un soin particulier.

Les lumières doivent être éteintes dans les quartiers attaqués.

Les maisons suspectes seront incendiées au premier signal.

DELESCLUZE.

Cachet bleu avec ces mots :
Commune de Paris.

Le chef de légion du X⁰ arrondissement,
BRUNEL.

Cachet rouge avec ces mots :
Commune de Paris, mairie du X⁰ arrondissement.

Ordre trouvé sur Delescluze.

Le citoyen Millière, à la tête de 150 fuséens, incendiera les maisons suspectes et les monuments publics de la rive gauche.

Le citoyen Dereure, avec 100 fuséens, est chargé du 1er et du 2e arrondissement.

Le citoyen Billioray, avec 100 hommes, est chargé des 9e, 10e et 20e arrondissements.

Le citoyen Vésinier, avec 50 hommes, est chargé spécialement des boulevards de la Madeleine à la Bastille.

Ces citoyens devront s'entendre avec les chefs de barricade pour assurer l'exécution de ces ordres.

Paris, 3 prairial an 79.

DELESCLUZE, RÉGÈRE, RANVIER, JOHANNARD, VÉSINIER, BRUNEL, DOMBROWSKI.

DIRECTION DE LA SURETÉ GÉNÉRALE.

Les citoyens Dereure et Vermorel sont chargés de faire arrêter immédiatement les rédacteurs, employés et compositeurs des journaux *la Politique* et *la Constitution*.

Paris, 3 prairial an 79.

COURNET.

COMMUNE DE PARIS.

Direction de la sûreté générale.

Le citoyen Raoul Rigault est chargé, avec le citoyen Régère, de l'exécution du décret de la Commune de Paris relatif aux otages.

Paris, 2 prairial an 79.

DELESCLUZE, BILLIORAY.

Copie d'un ordre trouvé sur le citoyen belge Van der Hoo-
ven, chef de barricade au faubourg du Temple.

Le citoyen délégué commandant la caserne du Château-
d'Eau est invité à remettre au porteur du présent les bon-
bonnes d'huile minérale nécessaires au citoyen chef général
des barricades du faubourg du Temple.

Le chef de légion,
BRUNEL.

La *Liberté* reproduit cet ordre du jour :

COMMUNE DE PABIS.

Ordre du comité central à l'officier qui commande
le bataillon de garde Ouest-Ceinture.

Faire arrêter tous les trains se dirigeant sur Paris à
Ouest-Ceinture.

Mettre un homme énergique à ce poste jour et nuit. Cet
homme devra avoir une poutre pour monter la garde. A
l'arrivée de chaque train, il devra faire dérailler le train s'il
ne s'arrête pas.

Paris, 30 mars.

Le chef de légion,
HENRY.

§ II. — *Projets des communards.*

Comme Néron, ces prétendus amis du peuple voulaient se
donner le spectacle d'une ville en flammes, consumée avec
tous ses édifices et ses habitants.

On a de la peine à croire, quoique ayant les preuves en

main, qu'en plein christianisme, les hommes soient capables de tant de scélératesse.

Le *Siècle* s'exprime en ces termes :

« Lorsqu'après avoir été repoussé de ses plus fortes positions, le gouvernement de la Commune eut perdu la tramontane, nous dit une personne qui sort de la capitale, *l'insurrection*, SE SENTANT MAITRESSE, NE CONNUT PLUS DE FREIN ; *mont-de-piété, bibliothèques, églises,* ELLE VOULAIT TOUT DÉTRUIRE. »

On ne lira pas sans effroi les informations suivantes de la *Patrie :*

« La principale entrée des catacombes, rue Dareau, 84, est toujours gardée par un poste de soldats de la ligne. Le motif de cette surveillance est d'empêcher les communeux et autres gens malintentionnés d'y pénétrer. Le génie militaire y fait exécuter, au reste, des travaux considérables, ou plutôt il préside à la réparation des dégâts que les incendiaires de la Commune y avaient occasionnés pour établir des torpilles, des mines et autres engins de destruction.

« Les plafonds des catacombes étaient tapissés de fils de fer qui communiquaient entre eux jusqu'à l'extérieur et qu'il a fallu couper avec de grandes précautions. La plupart des piliers étaient minés dans toute la région souterraine qui s'étend de la barrière d'Enfer jusqu'à la rue Vaugirard et le Panthéon, de sorte que, par suite d'une explosion, tous ces quartiers auraient été enfouis sous la terre. On consolide maintenant ces pilliers de soutènement. Enfin, on a mis à découvert des barils de poudre et des bombes qu'on avait placés de distance en distance pour faire sauter, à un moment donné, tous les travaux qui constituent ces souterrains. »

On a retiré du Panthéon plus de deux cents barils de poudre.

L'explosion aurait fait sauter le monument et tout le quartier (1).

Les monstres du 18 mars ne voulaient pas seulement incendier Paris, ils voulaient le faire sauter. On a découvert des mines nombreuses. Dans les égouts, sous les monuments publics, on trouve tous les jours, soit des barils de poudre, soit de la dynamite. Quand nos troupes se répandaient dans un nouveau quartier, elles se divisaient en deux corps, l'un qui gardait les rues, l'autre qui explorait les égouts et enlevait les barils de poudre accumulés par les communeux. Des milliers de fils, reliant ainsi entre eux les endroits les plus dangereux, ont été coupés, et ainsi on a sauvé d'une destruction complète un grand nombre des rues de Paris.

L'espace nous manque pour parler du rôle horrible et vraiment satanique joué à Paris par des femmes et des enfants, organisés par la Commune en bataillons d'incendiaires. Il est inutile de faire remarquer à quel degré de perversité et de dégradation peut descendre la femme lorsque la religion n'est pas là pour la relever et l'ennoblir.

La mère de Delescluze a été arrêtée. Cette arrestation a amené, dit la *France*, la saisie de papiers importants qui permettront de mettre la main sur les ramifications de la Commune tant à Paris qu'en province. L'examen de ces papiers aurait, dit-on, révélé que les malheurs accumulés

---

(1) On doit frémir quand on réfléchit à ce qui serait arrivé si nos troupes n'avaient pas déployé une héroïque vigueur. Assi, dans son interrogatoire, aurait déclaré que si l'on avait attendu quatre jours pour attaquer Paris, il ne serait pas resté debout une seule maison de la ville.

sur Paris ne sont rien encore auprès de ceux qui auraient préparé à la France le triomphe des hommes de l'Hôtel de Ville. L'énergie déployée par le gouvernement a seule découvert l'exécution du complot qui devait livrer plusieurs départements aux anarchistes.

Chez les païens eux-mêmes, les malheureux étaient regardés comme une chose sacrée. *Res sacra miser.* Il n'en est pas ainsi des communards.

On lit dans le *Salut public* :

« Nous l'avions lu dans plusieurs journaux, mais nous nous étions refusé à le croire, tellement cela nous paraissait hideux, horrible : les insurgés *ont brûlé*, aux Tuileries, *quatre cents de leurs blessés* qui y étaient enfermés. Ils ont essayé de brûler l'Hôtel-Dieu et la Charité, remplis de malades.

« Ces affreux détails sont confirmés par une lettre de notre confrère E. Yung, adressée au *Journal de Lyon*.

« Qui donc encore aujourd'hui oserait avouer sa sympathie pour de pareilles bêtes féroces? »

Ce fait est si grave que nous tenons à le confirmer par plusieurs témoignages. Nous prenons dans une correspondance de Paris, adressée au *Journal de Genève*, les atroces renseignements qui suivent :

« Il y avait une ambulance aux Tuileries, et vous vous rappelez comment la Commune multipliait les appels touchants et patriotiques en faveur des blessés de la République. Le palais en renfermait quatre cents. Lorsqu'on y mit le feu, on cria : Sauve qui peut ! Quelques blessés s'échappèrent; les autres gisaient sur leurs lits. Pour abréger leurs souffrances, on entassa de la paille dans les salles, on y mit le feu et on *les étouffa !* Est-ce que la Terreur n'est pas dépassée? Est-ce que Robespierre et Marat ont jamais conçu quelque chose de plus odieux?

« A l'heure où s'accomplissait cette effroyable barbarie, on pouvait lire sur les murs de Paris la dernière affiche de la Commune commençant par ces mots :

« Nous sommes des pères de famille combattant pour « leurs droits. »

« Oui, il fallait que jusqu'au bout la rhétorique sentimentale accompagnât l'atrocité dans l'action, il fallait que jusqu'au bout ces assassins et ces incendiaires parlassent d'union des cœurs et de fraternité! »

Nous empruntons les lignes suivantes à la *Décentralisation* du 28 juin 1871 :

« Voulez-vous savoir le genre de travail des communeux? Voici ce que disait un jour un blanquiste :

« — Ceux qui ne voudront pas que nous fassions leur « bonheur, nous les tuerons. »

« Blanqui ne croit pas qu'on puisse détruire la propriété sans tuer les propriétaires, la justice sans les juges, la religion sans les prêtres. »

Et, calculant au minimum le nombre d'existences à rayer, il a dressé une épouvantable liste de malheureux à fusiller.

Le chiffre monstrueux des exécutions doit s'élever à deux millions et s'accomplirait en moins de quinze jours.

Depuis que Blanqui conspire, ce projet de massacre est arrêté, étudié, creusé, fouillé à fond.

Qu'on croie que le mot de Rigault n'est pas celui d'un farceur lugubre.

— Vous avez 500 francs de rente depuis deux ans, disait-il à un journaliste, qui avait hérité de son père ; depuis deux ans vous êtes sur la liste du *vieux*.

Le *vieux* c'est Blanqui.

Rigault disait aussi très-souvent d'un homme :

— Encore un qui est marqué : *bon à tuer* ! (Nous citons le mot dans sa cynique brutalité.)

Et c'était chose arrêtée, écrite.

Le plus grand labeur des blanquistes a été la confection des listes.

Ces énergumènes s'excitaient au meurtre, au feu et au pillage par des chants incendiaires.

Comme Lacénaire, Edmond Mégy, ex-gouverneur du fort d'Issy, faisait des vers, et quelle poésie !

En voici un échantillon authentique :

CHANT RÉVOLUTIONNAIRE DES BARRICADES.

Ouvriers, nous souffrons dans nos noires usines,
Où nous sommes rivés du matin jusqu'au soir ;
Martyrs du capital, victimes des famines,
La guerre aux exploiteurs, c'est là notre devoir.

Sachons avoir du cœur, ne soyons plus esclaves ;
De ces lâches tyrans nous tenant enchaînés
Il est temps d'en finir, de briser nos entraves.
Aux armes ! Levons-nous, soulevons les pavés.

Aux barricades, feu ! Levons-nous, prolétaires,
L'éclatant drapeau rouge enflammera nos cœurs
Qu'on les détruise tous, bourgeois, propriétaires ;
Car il faut que nous en soyons vainqueurs.

Il est passé le temps où vous nous faisiez croire
Que, pauvres ici-bas, le ciel serait pour nous.
Et que vous nous disiez : Voilà de l'eau pour boire,
Tenez, voici du pain ; brutes, régalez-vous.

Nous verrons, citoyens, les faces dégoûtantes
De ces grands criminels sur l'échafaud pâlir.
Des transportés sont morts sur les routes brûlantes :
Ces lâches crèveront, ne pouvant pas mourir.

10 messidor an 79.

Edmond MÉGY.

Nous pourrions prolonger indéfiniment ces citations, mais celles que nous avons déjà données doivent suffire.

Nous rapporterons cependant quelques traits particuliers pris dans des journaux sérieux et bien informés.

On lit dans *l'Univers* :

« Voici un détail horrible : Un jeune officier dont je n'ai pu savoir le nom, entre avec quelques hommes pour faire une perquisition dans une maison par laquelle on vient de tirer. Il est arrêté à la porte par une femme en pleurs qui se jette à ses pieds et l'entoure de ses bras, tout en le poussant dans l'allée :

« Mon fils est dans la maison, il a été forcé de se battre, ne le tuez pas !

« — Faites-le descendre, nous verrons. » La femme se rejette dans l'escalier ; l'officier fait signe à ses hommes et veut la suivre. Tout à coup il se sent atteint par une douleur horrible et se voit environné de flammes.

« Pendant que cette femme l'occupait, une autre cachée dans l'allée avait versé du pétrole sur sa capote et y avait mis le feu.

« Les hommes se précipitent sur leur officier, lui arrachent les débris de ses vêtements, mais le malheureux succombe deux heures après à la suite de ses horribles brûlures.

« De pareils actes sont à peine croyables, malheureusement ils ne sont que trop vrais et trop nombreux. »

Deux officiers ont été à différents points de Paris l'objet de tentatives d'assassinat.

Sur le boulevard Saint-Martin, un officier de chasseurs passait à cheval. Une jeune fille prend le cheval par la bride et présente à l'officier une lettre. Pendant qu'il lisait, elle décharge sur lui son révolver et lui casse le bras. Immédiatement la jeune fille est arrêtée par des chasseurs de Vincennes qui passaient. Quant à l'officier, on l'emporta sur une civière.

L'autre tentative a eu lieu sur le boulevard Hausmann. Un coup de feu, parti de la maison du *Printemps,* a blessé grièvement un officier qui passait. Une perquisition faite par les soldats de la ligne dans la maison a amené la découverte de l'assassin.

Les écuries de l'empereur, au Louvre, ont été le théâtre d'un drame émouvant pour les cochers et les palefreniers du château, et pour ceux de tous les hauts personnages de la cour qui avaient une voiture à leur disposition.

La Commune laissa durant tout son règne ces hommes parfaitement tranquilles ; mais le jour où nos troupes s'emparèrent des Tuileries, les hommes qui gardaient les écuries durent se retirer. Au moment de partir, l'officier dit :

— Avant de nous en aller, il faut fusiller tous ces gens-là.

— Vous n'y pensez pas, s'écria un insurgé. Fusiller tout le monde serait trop long ; fermons seulement les portes ; puisque nous allons y mettre le feu, ils grilleront comme les autres, c'est bien plus simple.

Il fut fait comme on avait dit ; les portes furent fermées à double tour et elles sont si solides que les pauvres gens ne purent les enfoncer.

Ils commençaient à étouffer de chaleur, ils sentaient l'incendie qui gagnait. Enfin la troupe arriva, mais une heure plus tard ils eussent été perdus.

Voulez-vous savoir la différence qu'il y a entre les soldats de la Commune et ceux de l'armée régulière. Lisez le trait suivant :

Le Siècle raconte une touchante anecdote qui peint bien le caractère de nos soldats, aussi doux après la victoire que vaillants pendant le combat :

« Un des insurgés fusillés pendant ces derniers jours à la place du Trône avait avec lui ses deux petits enfants, âgés l'un de dix ans, l'autre de huit ans.

« Après la mort de leur père, les deux jeunes orphelins restèrent au milieu des soldats, qui en prirent le plus grand soin.

« Le colonel du régiment, apercevant ces deux pauvres petites créatures en train de manger à la gamelle, au milieu d'une escouade de soldats, demanda leur nom et comment ils se trouvaient là.

« Un caporal répondit que c'étaient les fils d'un insurgé condamné à mort par la cour martiale ; il ajouta que les orphelins n'avaient ni famille ni amis pour se charger de leur sort.

« Ému par ce récit, le colonel proposa aux officiers et aux soldats d'adopter ces orphelins et de les admettre parmi les enfants de troupe.

« Les paroles du colonel furent accueillies avec enthousiasme. Les orphelins ont endossé l'habit militaire et seront désormais les fils du 29e de ligne. »

Voilà des Français et des chrétiens, tandis que les communeux ne sont que des bêtes fauves (1). Citons un dernier

(1) Au milieu des scènes atroces qui désolent Paris, les femmes surtout se font remarquer par leur cruauté et leur rage ; la plupart sont les veuves de communeux. La folie semble les pousser ; on les voit, les cheveux épars, comme des furies, jeter de l'huile bouillante,

trait rapporté par le brave lieutenant colonel Le Brun de Rabot.

« Dans tous les monuments incendiés, il y avait des dépôts de pétrole et de mêches.

« Le feu a été mis par des femmes et des enfants de dix à douze ans au moyen de petites bombes incendiaires qu'ils jetaient dans les caves. La plupart de ces femmes sont menées à Versailles.

« Mais voici un fait horrible qui m'a été affirmé par la personne arrivée, hier soir, de Paris : Dans un débit de liqueurs près du Pont-Neuf, trente soldats ont été empoisonnés par la débitante de cet établissement. »

§ III. *Les communards sont avant tout des pillards.*

L'Apôtre était bien inspiré de Dieu quand il affirmait que *la cupidité était la racine de tous les maux.* Dans ce siècle d'affaissement il y a très-peu d'hommes qui tiennent à une opinion, à un système politique. Ce qu'ils veulent surtout ce sont des places lucratives, de l'argent, de l'argent. Nous ne craignons pas de le dire, si toutes les places étaient inamovibles, on ne verrait plus de révolutions.

Ce que veulent en effet la plupart de ces austères démocrates qui déclament sans cesse contre les riches et les grands? Ils ne désirent qu'une seule chose, se mettre à leur place.

Inutile d'insister pour démontrer une vérité éclatante comme le soleil; contentons-nous de rapporter quelques traits entre mille.

des meubles, des pavés sur nos soldats, et quand elles se sentent prises, elles se jettent éperdues sur les baïonnettes et meurent en essayant encore de combattre.

C'est horrible !   (*Paris-Journal.*)

Un curieux détail rétrospectif emprunté au *Figaro* :

« Depuis le 15 ou le 20 avril jusqu'au jour de l'entrée des troupes dans Paris, le chef du pouvoir exécutif a reçu, tous les matins, le compte-rendu très-exact et très-détaillé des comités *secrets* de l'Hôtel-de-Ville.

« C'est un agent de la sûreté qui allait les chercher tous les jours à Saint-Denis, où ils étaient envoyés par un membre de la Commune, dont la conscience s'était prêtée — moyennant finances — à cet arrangement.

« Le lieu du rendez-vous était un cabaret de la rue Brise-Échalas, à proximité de la gare. Le faux-frère y allait lui-même tous les dix ou douze jours pour toucher ses *appointements*.

« Quant au nom de ce délateur? — Cherchez parmi les membres de la Commune qui n'ont pas encore été arrêtés..... »

On lit dans la *Décentralisation* du 30 juin :

« Le sieur Sepcha, Polonais d'origine et aide-de-camp de Son Excellence Dombrowski, généralissime de la Commune, a été arrêté dans un garni de la rue du Four-Saint-Germain, où il s'était réfugié sous un nom d'emprunt.

« On a trouvé chez lui des ordres de l'Hôtel-de-Ville, une lettre d'Okolowicz, ou celui-ci se plaint de la conduite *louche* de Rossel, qu'il soupçonne « acheté par Versailles pour la somme de *deux millions*, trouvée insuffisante par son prédécesseur Cluseret.

« Enfin deux passeports russes en date de novembre 1870.

« Bien qu'il eût dans sa poche un révolver parfaitement chargé et amorcé, il n'a pas essayé de résister aux agents.

« — C'est bien, a-t-il dit, je vois que je suis vendu. Du reste, il y a trop longtemps que cela dure; ça commençait à m'ennuyer. »

Treilhard, directeur de l'assistance publique nommé par la Commune, a été passé par les armes sur la place du Panthéon. Quelques heures après l'exécution, sa veuve est venue réclamer son corps et demander en même temps qu'il fût fait une perquisition dans une cave où elle connaissait l'existence d'un coffre déposé par les mains de son mari.

La perquisition a eu pour résultat la découverte, au fond du coffre signalé, d'une somme de 40,000 fr.

Les membres de la Commune n'ont pas tous été arrêtés par les troupes de Versailles.

« Il en est, dit le *Figaro*, qui ont été pris et exécutés par leurs propres soldats.

« Mercredi, à dix heures du matin, des fédérés amenèrent sur le Pont-Neuf un individu en bourgeois, que l'on disait être le nommé Mathieu, membre de la Commune, arrêté le matin porteur de valeurs représentant une somme de 1 million 500,000 fr. Les insurgés accusaient Mathieu d'avoir reçu cet argent de Versailles, pour livrer nne porte aux troupes.

« L'ex-membre de la Commune, malgré ses protestations, fut adossé au socle de la statue d'Henri IV. Un fédéré prit son mouchoir, lui banda les yeux, et quelques secondes après six coups de feu retentirent. Mathieu, la tête fracassée par les balles, tomba roide mort.

« Son corps fut ramassé par trois ou quatre insurgés, qui le balancèrent deux ou trois fois au-dessus du parapet et le lancèrent dans la Seine. »

On lit dans le *Salut Public :*

« Le major de cavalerie de l'armée communarde, arrêté à Lyon, est un ancien officier de l'armée. Il servait comme sous-lieutenant au 8e lanciers.

« Il avait quitté Lyon pour aller à Paris il y a deux mois, criblé de dettes et empruntant 100 fr. à un garçon d'hôtel.

« Quand on l'a arrêté, il était nanti d'une somme de 6 mille francs, ce qui restait apparemment de la *grenouille* qu'il avait levée aux dépens de la Commune. — Il s'était fait accompagner à Lyon d'une des *perles* du boulevard Montmartre et d'un groom engagé par lui chez le restaurant Peters.

« La capture de cet individu est importante à un certain point de vue.

« L'état-major de la Commune avait fait main-basse sur la riche argenterie des *mess* de l'ex-garde impériale, à l'Ecole-Militaire, et se l'était partagée. Les papiers saisis sur le citoyen major permettront peut-être de retrouver une grande partie de ces objets de prix. »

Nous prenons le trait suivant dans le *Gaulois* :

« On est allé hier faire une nouvelle perquisition chez M. Rochefort, boulevard de la Madeleine. Son logement, qui est très-beau, avait été meublé par une femme entretenue, qui avait dépensé, pour le mobilier seulemet, 25,000 fr.

« M. Rochefort a payé le tout comptant 5,000 fr. »

Aux ambulances de la presse, rue Oudinot, 27, il a été déposé cinquante-deux cadavres de fusillés. L'un d'eux, sous le costume de garde national, mais très-soigné de sa personne, avait sur lui 150,000 fr. en billets de banque.

On n'a pu reconnaître sa personnalité ; il est probable que cet individu appartenait à l'*Internationale*.

En enlevant le corps d'un insurgé tué à la barricade de la rue Saint-Florentin, on a découvert plus de 75,000 fr. de valeurs cachées sous sa chemise.

Sous la Commune, la Direction des domaines avait été donnée au sieur Fontaine. Parmi les exploits de ce fonctionnaire communeux, nous pouvons citer la vente d'un nombre considérable de capotes militaires, au prix de 49 centimes. On aurait ainsi réalisé 40,000 fr. sur des effets d'habillement qui représentaient une valeur dc 300,000 fr.

On a découvert au domicile d'un insurgé et transporté à la mairie de son arrondissement, le produit des rapts audacieux par lesquels ce scélérat s'était rendu digne de figurer dans la légion des Raoul Rigault et des Delescluze.

Il s'y trouvait une magnifique chasuble avec ornement d'or, faisant sûrement partie de ces *bibelots du culte dit catholique,* — style d'un commissaire de police écrivant au délégué de son arrondissement, dont les communards s'horripilaient si furieusement, et on ne s'explique guère, *a priori,* l'emploi que voulait faire le nôtre d'un pareil objet.

Il y avait encore de nombreuses pièces de vaisselle en porcelaine de toute beauté et splendidement décorées. Une partie provenait du *mess* du 1er régiment des voltigeurs de la garde impériale, ainsi que le prouve l'inscription gravée sur chaque pièce de service. Le surplus sortait des offices mêmes des Tuileries ; on y voit, peints en or et semés à profusion, des N surmontés de la couronne impériale ; c'est vraiment un travail superbe.

Enfin, le dépôt de notre insurgé se complétait de six couverts d'argent et d'une cafetière en métal Christophle, objet d'art exquis, le tout encore au chiffre impérial.

A les en croire pourtant, messieurs les puritains de « l'idée communale, » tous gens vertueux, comme on sait, nourrissaient une haine vigoureuse contre le vol et les voleurs !

L'espoir qu'on avait un moment conçu de retrouver les couronnes de Notre-Dame des Victoires et de l'Enfant-Jésus ne se confirme pas. Quelques objets du pillage ont bien été retrouvés chez des communeux arrêtés ; d'autres ont été

remis par des messagers anonymes ; mais il est à craindre
que les beaux diadèmes donnés par Pie IX, en 1855, ne soient
brisés, fondus et perdus à jamais.

On lit dans l'*Univers* :

« Voici les exploits des agents de la Commune. A Sainte-
Marguerite, après avoir fait inventaire des objets qui se trouvaient dans l'église et dans la sacristie, ils ont laissé un
poste de gardes nationaux en permanence ; à Saint-Merri,
ils ont inutilement cherché le curé, qu'on avait prévenu à
temps. Le pillage du trésor de Notre-Dame est maintenant
un fait accompli ; lundi dernier, deux voitures emmenaient
on ne sait où, un chargement complet de vases sacrés, d'ornements, d'objets de toute sorte servant au culte. »

Voici un fait touchant que racontait dernièrement un ecclésiastique des plus distingués du clergé de Paris.

Il y avait à l'église Saint-Ambroise un calice de prix qu'on
voulait soustraire à la rapacité des gens de la Commune. On
ne savait où le cacher, quand ce prêtre déclara qu'il se chargeait de le mettre en lieu sûr. Il alla trouver une pauvre
femme dont la piété lui était aussi connue que l'honnêteté, et
la pria de conserver le précieux dépôt. Elle accepta tout de
suite. Le prêtre lui recommanda seulement de ne pas en
parler à son fils, encore enfant, dont on pouvait craindre
l'indiscrétion. Lorsque l'insurrection fut domptée, le prêtre
se rendit chez la pauvre femme.

« Monsieur l'abbé, dit-elle, voici le calice que vous
m'avez confié, et que j'ai gardé avec vénération. Il faut
pourtant que je vous avoue que j'ai manqué à une partie de
ma promesse. Hier, quand j'ai vu l'ordre rétabli, j'ai averti
mon enfant du dépôt qui m'avait été remis, et je lui ai dit :
« Mon fils, souviens-toi qu'on a assez estimé ta pauvre mère

« pour lui donner en garde le plus beau vase sacré de la
« paroisse. Puisse-tu mériter un jour un pareil honneur ! »

Il y a encore dans les classes souffrantes de Paris de braves cœurs, que la religion a formés et qu'elle conserve pour la régénération de notre infortuné pays.

Nous pourrions prolonger cette liste scandaleuse de vols et de rapines, mais nous en avons assez dit pour démontrer que ces communards forment ce que l'on appelle en français le parti des voleurs et des pillards.

LIVRE SECOND

LES VICTIMES DE LA COMMUNE

1

Le choix des victimes.

Ce sont les prêtres et les soldats qui ont fait la France ; c'est grâce à leur dévouement et à leur discipline que notre patrie a été longtemps à la tête des nations civilisées.

Il n'est donc pas surprenant que les barbares qui ne reconnaissent plus ni nation, ni famille, ni religion, veulent défaire la France, s'attaquent surtout au clergé et à l'armée qui maintiennent l'ordre au sein de la société.

Une révolution inspirée et conduite par l'enfer devait faire des victimes parmi les prêtres et les religieux.

Mais avant d'entrer dans quelques détails à ce sujet, nous ferons une remarque.

Jamais les révolutionnaires et les incrédules ne s'en prennent aux cultes dissidents.

Avez-vous entendu les ennemis de l'Église attaquer la religion juive, qui tient encore des millions d'hommes éloignés de la société chrétienne et les empêche de se mêler avec les autres peuples pour entrer comme des frères dans la grande famille de l'humanité ? Jamais. Avez-vous entendu les ennemis de l'Église attaquer le protestantisme, ou ses sectes nombreuses ? et cependant les protestants prétendent que hors du christianisme on ne peut être sauvé. Les ennemis de toute religion déclament-ils contre les protestants ? Pas le moins du monde. Pour nous catholiques, l'impiété nous traite avec honneur ; entre elle et nous point de paix ni trève ; elle nous déclare une guerre à mort. Tant mieux ! c'est que notre Église avec son Chef représente seule et d'une manière absolue, Dieu, la vérité religieuse, le culte religieux, la société religieuse.

C'est ainsi que les membres de la Commune n'ont pas même eu la pensée d'arrêter des ministres protestants ou des rabbins ; cette gloire était réservée aux prêtres de la vraie Église. Des démons ne tirent pas sur leurs propres troupes (1).

Les révolutionnaires ne se sont pas contentés de dévaster et de profaner les églises ; les prêtres comme les grands

(1) Plusieurs ecclésiastiques ont été arrêtés en haine de la religion, nous disons plusieurs et non pas tous, puisque le culte public n'a jamais été entièrement interrompu à Paris, et que des prêtres ont été relâchés.

M. l'abbé Amodru, vicaire de Notre-Dame des Victoires, a écrit les lignes suivantes :

« Ma conscience me fait un devoir de confirmer ce témoignage par un fait qui m'est personnel.

« Le jour où l'on me transféra, en une voiture cellulaire, de la Conciergerie à Mazas, je fus interrogé au greffe. Le chef du bureau me demanda et écrivit devant trois autres employés mon nom, celui de mon père, celui de ma mère, celui de mon pays, et enfin il m'interrogea sur ma profession, que mon habit ecclésiastique désignait suffisamment. Je répondis : « Prêtre, vicaire à Notre-Dame des Victoires. — C'est le délit, ajouta-t-il. — Si c'est le délit, lui dis-je, inscrivez-le deux fois et bien lisiblement ; je suis prêtre et vicaire à Notre-Dame des Victoires. » Puis je m'approchai du registre, sans y être invité, pour m'assurer qu'on avait bien tenu compte de ma réclamation. Ils paru-

serviteurs du pays, les tabernacles vivants comme les tàber-
nacles de pierre de la Majesté Divine sont devenus l'objet
d'exécutions sacriléges; dans cette ivresse de la révolte
et du carnage, des Français ont rivalisé avec les bêtes
fauves, et un souvenir ineffaçable restera dans la mémoire de
nos descendants pour leur dire : Apprenez que socialement,
les blasphèmes impliquent le brigandage, que toute civilisation athée est condamnée à périr de ses propres mains, et
que pour vous, le choix n'est pas entre Dieu et la lumière,
mais entre Dieu et quelque chose de pire que la mort, les
désespoirs, les colères et les horreurs de l'enfer.

*Comment la maîtresse des nations est-elle veuve de sa
gloire et de ses fils? C'est,* répond le Prophète, *parce que
Jérusalem a péché qu'elle est devenue instable.* Donc, si nous

---

rent surpris de mon indiscrétion, qui m'a permis de constater une
surcharge, qu'on trouvera sur les registres de Mazas, s'ils existent
encore. »

On écrivait de Paris, le 23 juin 1871, les lignes suivantes à la
Décentralisation de Lyon, qui démontrent une fois de plus l'esprit
révolutionnaire du protestantisme.

« Parmi les candidats pour l'Assemblée nationale qui se produisent
à Paris, une mention honorable doit être donnée au pasteur protestant
Athanase Coquerel, lequel, dans sa profession de foi, se livre aux
plus furibondes déclamations contre la papauté et le jésuitisme.
Comme ce langage est de bon goût au lendemain du massacre de nos
prêtres et de nos religieux ! M. Athanase Coquerel voudrait-il bien
nous dire pourquoi les citoyens communeux, dans leur haine anti-
religieuse, n'ont pas eu un seul instant l'idée d'emprisonner et de
fusiller un seul pasteur protestant, pas un rabbin ? C'est que, pour les
ennemis de toute religion, il n'y a de religion que dans le catholicisme. Je recommande la candidature du pasteur Athanase Coquerel
à tous les communeux de Belleville et de Ménilmontant. »

On lit dans l'*Univers* du 6 juillet 1871 que M. Coquerel a dit, dans
une réunion préparatoire aux élections : « Je porte plus d'horreur
au cléricalisme (c'est-à-dire aux prêtres catholiques) qu'à l'athéisme
lui-même. »

ne voulons pas que l'étranger passe un jour à côté de nos ruines *en sifflant sur les plaies* de la France, rappelons parmi nous ce Dieu dont l'absence causa tous nos malheurs, et conjurons-le de renouveler la grandeur et la félicité de nos anciens jours : *Innova dies nostros sicut à principio.*

Les sbires de la Commune se sont emparés de jeunes séminaristes, de prêtres inoffensifs parmi lesquels on aurait pu reprocher à plusieurs de trop parler des fameux principes de 89, et ils les ont retenus et massacrés comme de prétendus *otages*.

Il ne faut pas permettre à la révolution de corrompre la langue française. Ils ne l'ont déjà que trop altérée. La corruption du langage entraîne nécessairement celle des idées et dénature peu à peu la notion du bien et du mal, du crime et de la vertu.

C'est à la presse honnête, c'est aux honnêtes gens de protéger la sincérité de la langue contre les attentats de la révolution et contre les significations fausses que la démagogie essaye d'attribuer aux mots.

Les scélérats de Paris ont bien osé donner le nom d'*otages* aux malheureuses victimes de leur cannibalisme !

L'*otage* est une personne que l'on remet volontairement à ceux avec qui l'on traite, pour la sûreté et en garantie de l'exécution du traité conclu. On n'emploie proprement ce mot que dans les affaires d'État à État. Or, il n'y a rien eu de semblable à Paris. Les bandits ont mis la main sur les honnêtes gens qu'ils haïssaient plus vivement et qu'ils voulaient dépouiller. Ils les ont assassinés comme le font les bandits de grands chemins. Or, ceux-ci n'ont pas encore eu, que nous sachions, l'audace d'appeler *otages* les victimes de leur scélératesse (1).

(1) L'*Union savoisienne.*

II

Monseigneur Darboy, archevêque de Paris (1).

—————

§ I. *Son arrestation.*

C'est un poste bien difficile que l'archevêché de Paris. Peu d'hommes sont capables de vivre à côté du pouvoir sans le froisser inutilement, ou sans rien céder des droits de l'Église.

Il faut être vraiment appelé de Dieu et avoir reçu de lui une prudence et un courage peu ordinaires pour résister en-

—————

(1) Mgr GEORGES DARBOY était né à Fayl-Billot, dans le diocèse de Langres, le 16 janvier 1813. Il reçut les premiers éléments de la grammaire latine de M. Lambert, vicaire de sa paroisse natale. Il reçut la prêtrise des mains de Mgr Parisis le 17 décembre 1836. Après avoir rempli les fonctions de vicaire à Notre-Dame de Saint-Dizier pendant quatre ans, Mgr Darboy fut nommé professeur au grand séminaire de Langres, et le 14 janvier 1846 passa au diocèse de Paris, où il fut plus tard nommé aumônier du collége Henri IV, depuis lycée Napoléon. Mgr Affre le nomma chanoine honoraire le 9 octobre 1847.

Le 27 décembre 1855 M. Darboy remplaçait, comme vicaire général titulaire M. Lequeux. Il prêcha la station de carême à la chapelle des Tuileries en 1859, et un décret du 6 août de la même année nomma M. Darboy, sur le refus de M. l'abbé Obré, vicaire général de Beauvais, au siége de Nancy.

A la mort du cardinal Morlot, archevêque de Paris, qui avait dé-

tièrement aux séductions d'une place si élevée, en rendant toujours à César ce qui appartient à César, sans jamais rien sacrifier de ce qui est dû à Dieu.

Dans moins de vingt-cinq ans, trois archevêques de Paris sont morts assassinés.

Comme Jérusalem infidèle, Paris ne craint pas de répandre le sang des prophètes et de ses pontifes.

Pendant le siége de Paris, Mgr Darboy s'était un peu effacé, obéissant à une prudence que plusieurs trouvaient excessive.

Sans aucun désir de la part du gouvernement de la défense nationale qui affectait de se tenir en dehors de l'Église, l'archevêque de Paris prescrivit à ses prêtres le *Domine salvam fac rempublicam.*

On savait d'ailleurs qu'on ne pouvait pas l'accuser d'être rétrograde et ultramontain.

Quand on décida de l'arrêter, ce ne fut pas comme un

---

signé Mgr Darboy pour son successeur, un décret du 10 janvier 1863, le nomma en effet à ce siége métropolitain, pour lequel il fut préconisé le 16 mars.

Le 8 janvier 1864, un décret impérial appela aux fonctions de grand aumônier Mgr Darboy, qui fut installé par Mgr Chigi, nonce du Pape, en qualité de primicier du Chapitre impérial de Saint-Denis, le 20 avril, et qui consacra, le 31 mai de la même année, Notre-Dame de Paris, entouré de 13 prélats. Depuis le 17 juin 1867, Mgr Darboy était assistant au trône pontifical. Chevalier de la Légion d'honneur le 11 août 1860, il fut créé officier le 14 août 1863, entra au Sénat le 5 octobre 1864, et fut nommé depuis grand officier du même ordre. Il était chanoine d'honneur de Nancy.

Outre les *Œuvres de saint Denis l'Aréopagite,* Mgr Darboy a publié : *Les Femmes de la Bible* ; *le Christ, les Apôtres et les Prophètes* ; une *Traduction de l'Imitation de Jésus-Christ, Jérusalem et la Terre-Sainte* ; *Statistique religieuse du diocèse de Paris* ; *Histoire de saint Thomas Becket* ; *une Vie de saint Augustin,* etc.

ennemi déclaré du nouvel ordre de choses, mais uniquement comme un otage de prix dont on espérait tirer parti.

Disons à la louange du prélat, qu'il ne recula pas devant la persécution. Il pouvait bien, sans manquer à sa conscience, comme l'avait fait Mgr de Quélen, se dérober aux recherches des brigands. Il ne l'a pas fait, nous ne saurions l'en blâmer.

Nous détachons les renseignements suivants du *Journal de Genève* :

« On racontait, aux funérailles de Mgr Darboy, un détail encore peu connu de son arrestation.

« Il est maintenant certain que si l'éminent prélat ne s'est point dérobé à cette arrestation et à la mort qui l'a suivie, c'est qu'il a voulu rester jusqu'au dernier moment au milieu de ses fidèles ; c'est que le sentiment du devoir a dominé chez lui toutes les appréhensions, toutes les craintes qu'il était en droit de concevoir en présence des fureurs impies dont il était témoin.

« Le jour même où les sicaires de la Commune osèrent mettre la main sur le premier pasteur de Paris, l'imprimeur de la *Semaine religieuse du diocèse*, M. de Soye, lui écrivit une lettre dans laquelle il l'avertissait de ce qui se machinait contre les membres du haut clergé.

« Déguisez-vous et fuyez sans retard, lui disait-il. Je sais à quoi vous êtes exposé. Ces gens ne reculeront devant rien. N'espérez point leur faire entendre la voix du sentiment ou de la raison. »

« Et il rapportait à l'archevêque une conversation entendue sur le seuil de sa librairie, au milieu de gardes nationaux ivres qui se réjouissaient d'avoir à saisir une si noble proie.

« Mgr Darboy reçut à temps cet avertissement, conçu dans

les termes les plus émus, les plus pressants. Il ne prit pas même le soin de réfléchir. Il eut une courte entrevue avec son grand-vicaire, Mgr Surat, l'engagea chaleureusement à éviter les dangers qu'il courait lui-même, et fit d'ailleurs en vain de grands efforts pour le dissuader de rester à Paris. Puis, après cette tentative, bien résolu à braver la rage des bandits fédérés, il répondit à M. de Soye, de sa petite ronde courte, propre et serrée, quelques mots qui résumaient les motifs de cette décision.

« Quand on vint arrêter le prélat et son grand-vicaire, la lettre de l'imprimeur de la *Semaine religieuse* était encore dans le cabinet de travail de l'archevêque, toute grande ouverte sur son secrétaire. Bien entendu, la Commune fit rechercher M. de Soye, mais ce dernier avait deviné ses intentions et venait de quitter Paris. »

On écrivait de Rome à l'*Univers :*

« Pie IX garde une attitude si calme et si confiante qu'elle semble surnaturelle. Hier, parlant des désastres de Paris et rappelant les pressentiments du monde catholique sur le châtiment réservé à cette capitale, il a eu des expressions d'une tendresse extrême pour la France. La mort de Mgr Darboy lui a fourni l'occasion de faire connaître des faits jusqu'à présent ignorés. D'après les détails transmis à Sa Sainteté, l'archevêque, prévenu que la Commune allait le faire arrêter, pouvait facilement se soustraire aux poursuites ; il ne le voulut pas, et dit à ceux qui le pressaient de fuir : « J'ai invité mes prêtres à ne pas abandonner leur poste, je leur dois l'exemple. » — « Il a lavé ses fautes dans son sang, aurait dit Pie IX, et il s'est revêtu de la robe des martyrs. » Puis Sa Sainteté a parlé des prédécesseurs de Mgr Darboy, faisant observer que seul il avait pu savoir qu'il mourrait de la main de ses bourreaux. »

5

Un des prisonniers de la Commune a donné les détails suivants sur l'interrogatoire de Mgr Darboy :

« Le mercredi 24 mai, jour de néfaste mémoire, tous les membres du clergé eurent la permission de se voir et de s'entretenir, dans le préau de la Roquette, de midi à deux heures.

« Depuis le 4 avril, jour de son incarcération, Monseigneur avait, pour la première fois, la faculté et la joie de voir réunis autour de lui ceux de ses prêtres qui partageaient sa captivité.

« Il reçut de nous tous, sur cette main qui devait être meurtrie, le témoignage respectueux de notre respect et de notre affection.

« Il nous parla avec la plus suave bienveillance.

« Depuis huit jours, dit-il, j'étais averti que l'on devait « m'arrêter; je n'ai pas voulu fuir. Il n'eût pas été conve- « nable que le pasteur se sauvât quand le clergé et les fidèles « restaient. »

« Je sollicitai de Sa Grandeur quelques explications sur son interrogatoire.

« Ce ne fut pas un interrogatoire, me répondit-il. Quand « j'arrivai, le *citoyen* (Raoul Rigault), à demi-tourné vers « moi, me dit : « Depuis dix-huit cents ans vous nous em- « *bastillez*, vous nous *torturez !* »

« Je lui répondis : A quoi pensez-vous, mes enfants ?... « car ils parlaient tous à la fois. Ils ne répliquèrent rien, « sinon : *Nous ne sommes pas des enfants, mais des hom-* « *mes ; nous ne sommes pas non plus des magistrats,* ainsi « qu'on l'a supposé.

« Ils me demandèrent ensuite mes nom et prénoms, après « quoi ils écrivirent : *Ex-archevêque de Paris.* — Vous ne « voulez pas me faire signer cela, je pense ? — Et pourquoi « pas — Parce que d'abord il ne vous est pas plus possible

« de défaire un archevêque que d'en faire un ; en second lieu,
« parce que j'ai été, je suis et je serai jusqu'à la fin de ma
« vie archevêque de Paris ; quand je serais à Pékin même,
« je n'en serais pas moins archevêque de Paris. » Alors ils
biffèrent ce mot et le remplacèrent par ceux-ci : *Le sieur
Darboy, qui se dit archevêque de Paris.*

« J'avoue que je demeurai interdit quand Sa Grandeur
nous raconta que jamais elle n'avait été traitée autrement
que comme le dernier des malfaiteurs. A la Roquette même,
Monseigneur couchait sur une paillasse, *sans draps.*

« Monseigneur, comme on peut le voir, avait laissé croître
sa barbe. La Commune lui avait fait enlever ses rasoirs, et
quand elle lui envoya un barbier, il objecta : « La Commune
n'a pas confiance en moi, qu'elle permette que je lui rende
la pareille : je n'ai pas confiance en ses rasoirs. »

§ II. *Démarches de Pie IX en faveur de Mgr Darboy.*

Dès que le Souverain-Pontife eut appris l'emprisonnement
de l'archevêque de Paris, le 4 avril, il s'empressa de faire
des démarches en sa faveur.

Nous lisons dans la *Correspondance de Rome* (1) :
« La télégraphie et la presse ont attribué à l'initiative de
M. de Bismark des démarches près de la Commune de Paris
pour obtenir la délivrance de Mgr l'archevêque Darboy. Or,
c'est le Pape qui a entrepris ces démarches en ordonnant à
son nonce, Mgr Chigi, d'intéresser les représentants des
puissances dans cette affaire. Se conformant aussitôt au vouloir de Sa Sainteté, Mgr Chigi est allé trouver lord Lyons,
ambassadeur d'Angleterre, lequel a exprimé dans les termes

(1) La *Correspondance de Rome* est un journal semi-officiel du Vatican, publié aux frais de Pie IX.

les mieux sentis la satisfaction qu'il éprouverait en faisant une chose agréable au Pape; mais, après avoir pris ses informations, lord Lyons a reconnu son impuissance et déclaré tristement qu'il se trouvait hors d'état de protéger ses propres compatriotes dans Paris. Sur ces entrefaites, le nouveau ministre des États-Unis à Versailles, présentait ses lettres de créance à M. Thiers. Le nonce s'est empressé d'aller à lui et a rencontré le meilleur accueil. Le représentant américain, à peine entré à Paris, a demandé une audience à Cluseret, qui, flatté de recevoir un tel personnage, a commencé par lui octroyer de voir le prisonnier à Mazas. En quelle situation le ministre a-t-il trouvé Mgr Darboy ? Les journaux en ont révélé quelque chose. En proie à la tristesse, courbé par la souffrance, pâle, amaigri, la barbe longue, les vêtements en désordre, nourri du pain noir et du brouet nauséabond de la Commune, tel est apparu l'archevêque au regard compatissant du ministre. Il a fait l'histoire de son arrestation et des mauvais traitements infligés aux prêtres parisiens et à lui-même : les us de la Chine et du Japon pratiqués par les communards. Du moins les mandarins ne tourmentent pas au nom de la *liberté* et du *progrès*. Ah ! que Mgr Darboy doit souffrir, et combien, remontant en esprit les événements auxquels il a pris part durant l'empire, il a pu apprécier la haute raison du Souverain-Pontife et de l'Église de Rome, s'incliner devant les observations contenues dans une lettre pontificale demeurée célèbre, rétracter pieusement certains discours au sénat, et regretter les complaisances accordées au monarque sectaire qui a préparé les Prussiens et fomenté la Commune ! Quoi qu'il en soit, aujourd'hui Mgr Darboy est sacré par les gloires de l'expiation, et il est l'objet des sollicitudes de Pie IX (1). »

(1) Dans le mandement des vicaires capitulaires de Paris nous lisons ce passage :

« Mgr Darboy a couronné les actes de son ministère sacré par une

§ III, *Souffrances de Mgr Darboy dans sa cellule. —*
Visites qu'il y reçoit.

Nous trouvons, dans une lettre que M. Washburn écrit à
ce sujet au secrétaire d'Etat, à Washington, des détails in-

solennelle profession de foi, par son adhésion pure et simple à la dé-
finition du dogme de l'infaillibilité, comme à toutes celles du Concile
œcuménique du Vatican.

« Le Souverain Pontife, répondant à son admirable lettre, disait
que cette adhésion avait été pour son cœur un sujet de grande consolation.

« Écoutons les vœux touchants exprimés en cette circonstance par
l'immortel Pie IX pour la paix et le bonheur de la France :

« Vénérable Frère, écrivait-il à Mgr Darboy, salut et bénédiction
apostolique. L'inexprimable douleur causée à notre cœur par les
désastres de votre patrie, que nous ne saurions oublier dans nos sollicitudes, s'accroît à la nouvelle que vous nous annoncez des calamités particulières à votre capitale. Mais comme vous le dites, vénérable Frère, Dieu par ces malheurs réveillant la foi endormie et la
piété des fidèles, le zèle et la charité des pasteurs, il nous est justement permis d'espérer en sa miséricorde infinie. »

On lit dans la correspondance romaine du *Bulletin religieux* du
diocèse de Versailles :

« Comme vous aviez tenu vos lecteurs soigneusement au courant
des adhésions au dogme de l'infaillibilité après le Concile, il convient
de mentionner que le Saint-Père a reçu enfin les plus tardives. C'est
au mois de février, je crois, que celle de Mgr Darboy, archevêque de
Paris, fut remise au Saint-Père ; elle était conçue dans les termes les
plus respectueux et les plus satisfaisants. Nul doute que sans les
cinq mois de siége subis par Paris, cette adhésion serait arrivée plus
tôt. Les malheurs de la France, et de Paris en particulier, ont éclairé
un grand nombre d'esprits, jusque-là égarés, et cette rude leçon de
la Providence mettra fin, espérons-le, à ce système d'hostilité et de
persécution contre les doctrines romaines et leurs défenseurs, souvent
mis en vigueur dans certaines parties de notre infortunée patrie ;
Rome voudrait être enfin complétement rassurée sous ce rapport. »

téressants en ce qu'ils nous éclairent sur la vie en prison
et les derniers jours de l'archevêque de Paris :

« Accompagné de mon secrétaire particulier, dit M. Washburn, je me rendis à la prison de Mazas, où je fus admis
sans difficulté. Au bout de quelques minutes, on amena
l'archevêque. Je dois avouer que je fus profondément touché de l'aspect du vénérable prélat. A voir sa taille svelte,
son corps un peu courbé, sa barbe déjà longue (car il ne
s'était évidemment pas rasé depuis son emprisonnement),
ses traits tirés par la maladie, l'homme le plus indifférent
aurait été ému. Je lui dis tout le plaisir que j'avais eu à intervenir en sa faveur. J'ajoutai que, quoique je ne pusse me
flatter de l'espoir de le voir bientôt relâché, j'étais heureux
de pouvoir le visiter, de m'assurer de ses besoins et d'adoucir la position dans laquelle il se trouvait. Il me remercia
cordialemeut des sentiments dont je faisais preuve en sa
faveur. Je fus charmé par la gaieté de son esprit et par son
intéressante conversation. Il paraissait justement apprécier
sa situation et être prêt à tout.

« Sans avoir un mot de reproche ou d'amertume pour ses
persécuteurs, il fit cependant la remarque que le monde les
croyait pires qu'ils ne l'étaient. Attendant tranquillement le
cours des événements, il priait Dieu de trouver une solution
sans qu'il y eût plus de sang répandu.

« L'archevêque est confiné dans une cellule d'environ six
pieds sur dix environ. L'ameublement se compose d'un lit
de prison, d'une chaise en bois et d'une table. La lumière y
pénètre par une petite fenêtre.

« En sa qualité de prisonnier politique, il lui est permis de
faire venir ses repas du dehors ; et, sur l'offre que je lui fis
de lui envoyer ce qu'il pourrait désirer ou de lui procurer
de l'argent, il me répondit qu'il n'avait besoin de rien pour
le présent.

« J'étais la première personne du dehors qu'il eût vue depuis son entrée dans la prison, et il n'avait pu obtenir des journaux ni savoir ce qui se passait au dehors » (1).

Pour compléter ce chapitre, nous citerons l'extrait suivant du rapport de M⁰ Rousse sur la visite qu'il a faite à Mazas à Mgr Darboy (2) :

Nous lui laissons la responsabilité de son récit.

(1) On lit dans l'*International* de Florence un trait bien propre à nous donner une idée des souffrances des prisonniers dans les prisons cellulaires :

« Il y a une dizaine d'années, un jeune Américain de New-York, nommé Walter Hastings, dînant en compagnie de lord C... dans un club de Londres, exprima l'opinion qu'un emprisonnement solitaire, dans une cellule obscure, n'était pas une punition si terrible qu'on se le figurait vulgairement.

« Sa Seigneurie, curieuse d'en voir l'expérience, offrit à Hastings 10,000 livres sterling (250,000 fr.) s'il voulait subir une réclusion pendant dix ans. Sa proposition fut acceptée, et une cellule de quinze pieds sur dix, d'une obscurité complète, fut disposée dans la maison de lord C... Il fut convenu que le prisonnier pourrait se servir de chandelle, qu'il aurait quelques livres, du papier pour écrire, une nourriture abondante, mais qu'il serait servi par un domestique invisible.

« Ces conditions ont été parfaitement remplies. Hastings est resté pendant dix ans enfermé dans sa cellule ; il a revu le jour depuis le premier de ce mois, et il est à supposer qu'il a reçu l'argent qu'il a si durement gagné.

« Les changements physiques qui se sont opérés dans sa personne sont des plus extraordinaires. Quoiqu'il ait à peine trente-cinq ans, il paraît âgé de soixante. Il a le corps courbé, la démarche vacillante ; sa figure est blême, ses cheveux et sa barbe sont complétement blanchis, et il a de la peine à articuler une parole.

« Il vient d'arriver à New-York, et il ne serait pas impossible que Barnum lui fît une visite. »

(2) La presse a été unanime pour rendre justice à la noble attitude, à la conduite courageuse du bâtonnier de l'ordre des avocats, M⁰ Rousse, pendant la durée de la Commune. Nous trouvons dans le dernier numéro de la *Revue des Deux-Mondes* des notes curieuses de M⁰ Rousse sur les événements auxquels il s'est trouvé mêlé.

Après avoir raconté ses démarches pour obtenir la permission de voir les prisonniers, Me Rousse continue en ces termes :

« En sortant du palais, je remontai en voiture, et je me fis conduire à Mazas. Je demandai à voir l'archevêque dans sa cellule et non au parloir des avocats ; cela me fut accordé de bonne grâce.

« — Il est bien malade, me dit le gardien en chef.

« En effet, en entrant dans la cellule du pauvre archevêque, je fus frappé de son air de souffrance et de son abattement. Grâce au médecin de la maison, on avait remplacé par un lit le hamac réglementaire des détenus. Il était couché tout habillé, les moustaches et la barbe longues, coiffé d'un bonnet noir, vêtu d'une soutanelle usée sous laquelle passait un bout de ceinture violette, les traits altérés, le teint très-pâle. Au bruit que je fis en entrant, il tourna la tête. Sans me connaître, il devina qui j'étais, et me tendit la main avec un sourire doux et triste, d'une finesse pénétrante.

« — Vous êtes souffrant, monseigneur, et je vous dérange. Voulez-vous que je revienne un autre jour ?

« — Oh ! non. Que je vous remercie d'être venu ! Je suis malade, très-malade. J'ai depuis longtemps une affection de cœur que le manque d'air et le régime de la prison ont aggravée. Je voudrais d'abord que vous puissiez faire retarder mon affaire, puisqu'ils veulent me juger. Je suis hors d'état d'aller devant leur tribunal. Si l'on veut me fusiller, qu'on me fusille ici... Je ne suis pas un héros, mais autant mourir ainsi qu'autrement.

« Je me hâtai de l'interrompre.

« — Monseigneur, lui dis-je, nous n'en sommes pas là.

« Et je lui rapportai, en insistant sur tout ce qui le pouvait rassurer, la conversation que j'avais eue avec Rigault.

En causant ainsi, M. Darboy s'animait, s'égayait même peu
à peu. Il développa en quelques mots des idées qu'il jugeait
utiles à sa défense.

« — Je ne sais, me dit-il, d'où vient leur animosité contre
moi. J'ai encouru, à cause de mes idées snr certains sujets,
la défaveur de la cour de Rome. Lorsque, en 1863, je fus
appelé à l'archevêché de Paris, j'exposai à l'empereur mes
idées sur la séparation de l'Église et de l'État ; je le priai
de s'occuper du clergé le moins possible, et depuis j'ai toujours évité de parler dans mes actes publics de l'empereur
et de son gouvernement. Après mon arrestation, on m'a fait
subir des interrogatoires ridicules. Ce Rigault ou Ferré m'a
dit que j'avais accaparé les biens du peuple.

« — Quels biens, lui ai-je dit ?

« — Parbleu, les églises, les vases, les ornements.

« — Mais, ai-je répondu, vous ne savez pas ce dont vous
parlez : les vases, les ornements, tout ce qui sert au culte
appartient à des personnes qu'on appelle des *fabriques*, qui
ont parfaitement le droit de les posséder, et, si vous vous
en emparez, vous vous exposez à des peines écrites dans les
lois.

« L'archevêque me parla ensuite des visites qu'il avait
reçues de M. Washburn, le ministre des Etats-Unis, et des
négociations engagées pour obtenir un échange de prisonniers entre le gouvernement et la Commune. Je lui rappelai
alors l'allusion que Raoul Rigault avait faite à de nouvelles
négociations. Il me dit qu'il en avait connaissance, et que
M. Washburn y apportait un grand zèle.

« Il revint ensuite à sa défense, à la nécessité d'un sursis,
à la composition du jury. Il parlait avec une grande douceur, une liberté d'esprit parfaite, quelquefois avec une iro-
nie sans amertume. Il me dit que pendant longtemps on

l'avait laissé se promener dans le préau, soit avec l'abbé Deguerry, soit avec le président Bonjean.

« — Le président, a-t-il ajouté, m'a proposé de me défendre ; mais je lui ai dit qu'il aurait assez à faire de se défendre lui-même.

« L'archevêque me parla ensuite de sa sœur, qui a été
arrêtée avec lui, puis relâchée il y a quinze jours. Je lui demandai si je pouvais lui rendre quelque service, s'il avait
quelque lettre à transmettre, s'il avait besoin de quelque
chose.

« — Rien, me dit-il, je n'ai besoin de rien, si ce n'est
qu'on me laisse ici ; qu'on vienne m'y fusiller, si l'on veut,
mais je ne pourrais pas aller là-bas. Le docteur a dû le
leur dire.

« Après une demi-heure de conversation, je lui tendis la
main et pressai la sienne avec émotion. Plus d'une fois je
sentais les larmes me gagner. Il me dit adieu avec effusion,
me remerciant vivement de ma *charité*. Ma visite, l'assu-
rance que je lui donnais que le jugement n'aurait pas lieu
tout de suite, la promesse que je lui fis de venir le voir
souvent, l'avaient évidemment remonté. Quand je me levai,
il rejeta vivement la couverture de laine grossière qui l'en-
veloppait à moitié, descendit de son grabat sans que je
pusse l'en empêcher, et, me serrant la main dans les siennes,
il me reconduisit jusqu'à la porte.

« — Vous reviendrez bientôt, n'est-ce pas ?

« — Mardi, monseigneur.

« Et je sortis. Sa cellule porte le nº 62. »

Voici comment M. l'abbé Perny parle dans son *Journal*
d'un autre jurisconsulte qui offrit ses services à Mgr Darboy.

« On avait cru, dans les derniers temps à Mazas, que si la
Commune osait en venir à l'exécution des otages, on les fe-

rait passer devant un conseil de guerre et qu'un défenseur leur serait accordé de droit comme à tout accusé. Un jurisconsulte distingué, mû par un sentiment qui sera à jamais son honneur devant les hommes, et, ce qui vaut infiniment mieux, sa gloire devant Dieu, avait sollicité la périlleuse faveur de défendre les otages devant la cour martiale qui les mettrait en jugement. M. Étienne Plon, malgré la cécité dont il est atteint, se mit en rapport avec quelques membres de la Commune, et, malgré les immenses difficultés qu'on lui opposa, il obtint la faculté de voir Mgr Darboy, M. Deguerry, M. Bonjean et quelques autres otages. Certains employés de la Commune voulaient mettre des entraves aux rapports de M. Plon avec les otages. Ce jurisconsulte, dont chacun admire les manières, déploya, en chacune de ces occasions, une fermeté de caractère digne des plus grands éloges. Il est certain que M. E. Plon s'exposait lui-même, (et l'illusion ne lui était pas possible) au danger presque certain de devenir à son tour un otage de la Commune. Sa grandeur d'âme, son courage, la digne fermeté de ses paroles en imposaient, soit aux membres de la Commune, soit à ses délégués. M. Plon visita souvent les otages que je viens de nommer, les entretenait en particulier de son projet de défense, leur soumettait les arguments qu'il ferait valoir en leur faveur.

« Ces illustres otages étaient touchés d'un si beau dévouement, mais ils ne dissimulaient nullement à leur défenseur, que si une cour martiale les mettait en jugement, leur sentence serait toute décrétée et que toute défense serait superflue.

« Monseigneur disait un jour cette touchante parole à son défenseur officieux : *Oh! que j'envie la mort de Mgr Affre! Y a-t-il des barricades à Paris à présent? — Beaucoup, Monseigneur. — Que ne suis-je allé mourir sur l'une d'elles comme mon prédécesseur ?* — L'histoire doit recueillir cette mémorable parole, qui est comme le testament suprême du bon pasteur, prêt à verser son sang comme J.-C. pour le salut des siens.

« M. Plon visita pour la dernière fois ses clients le samedi 20 mai, M. le curé de la Madeleine, tenant entre ses mains celles de l'honorable défenseur, lui adressa ces belles paroles, dignes d'être gravées sur la tombe de M. Deguerry :

« *Mon cher ami, si je savais que mon sang fût utile à la religion, je me mettrais à genoux devant eux pour les prier de me fusiller.*

« Tous les amis des principaux otages doivent une vive reconnaissance à M. Etienne Plon et à M. le docteur de Beauvais, qui, en ces jours douloureux, ont rivalisé de zèle et de dévouement, au péril de leur propre vie. Mgr l'archevêque de Paris les a bénis avec effusion et pressés avec une charité toute paternelle sur cette poitrine qui, peu de jours après, allait être frappée par les balles des *Vengeurs de la Commune* (1). »

§ 3. — *Transfert des prisonniers à la Roquette.*

Après de longs jours passés dans la solitude la plus grande, Mgr Darboy fut transféré à la prison de la Roquette à cause de l'armée de Versailles qui approchait.

M. Perny, missionnaire, un des otages, a donné les détails suivants :

(1) Mgr Darboy avait, pendant sa dure captivité, perdu toutes ses illusions. Voici, dit M. Perny, une parole qu'il a répétée bien des fois mot par mot à l'honorable docteur de Mazas, M. de Beauvais, lorsqu'on lui donnait l'espoir d'une prochaine délivrance : « Mon cher docteur, pour moi, la vie est une surface plane ; elle n'a ni haut ni bas. »

« On me conduit à la cour d'entrée. Une double et triple haie de soldats en bordait le pourtour. Je monte dans une voiture de déménagement. Je trouve là Mgr Darboy avec son secrétaire. Je m'empresse d'offrir mes hommages au vénérable prélat, et je prends place à son côté gauche. Sa Grandeur paraissait bien affaissée. Sa voix était altérée. La veille on lui avait mis les visicatoires. Il n'y avait pas de siége dans la voiture, nous étions assis sur nne planche étroite qui se trouve de l'un des côtés. Après moi arriva un vieillard que je ne connaissais pas. C'était M. Bonjean, premier président de la Cour de cassation. Puis vint M. le curé de la Madeleine, Mgr Surat,. vicaire général, M. Bayle, promoteur du diocèse, un laïque que personne de nous ne connaissait et qui, durant tout le trajet, ne parla à personne. C'était M. Jecker, le fameux banquier du Mexique. En dernier lieu M. Houillon, mon confrère de Chine. Une deuxième voiture stationnait dans la même cour et devait faire le trajet avec nous.

« Quant à Mgr l'archevêque, il parlait peu ; il souriait seulement en entendant la conversation de ses voisins et retombait continuellement dans un état de préoccupation. J'ai tout lieu de croire qu'il faut en attribuer la cause aux souffrances endurées à Mazas et à l'état de santé fort délicate de Sa Grandeur (1).

(1) Pendant qu'on préparait la deuxième voiture, les personnages qui formaient le personnel de la première échangeaient entre eux quelques paroles avec un sourire mélancolique. M. le curé de la Madeleine me demanda avec empressement si j'avais des nouvelles fraîches de son cousin, évêque en Chine. « Voyez donc, Monseigneur, ces deux Orientaux, disait-il à Mgr Darboy, qui viennent se faire martyriser à Paris ! » Monseigneur souriait, puis redevenait soucieux. M. Bonjean rappelait avec amabilité à Monseigneur des circonstances de sa vie, des entrevues d'autrefois ; M. le curé de la Madeleine me

« Pour ma part je ne cessais alors d'admirer le calme et la résignation de tous ces personnages, naguère au faîte des honneurs civils et ecclésiastiques, et maintenant traités par une vile populace comme les plus insignes scélérats.

« Aucune plainte sur le passé et sur le présent, aucun murmure contre les odieux traitements dont nous étions l'objet. Il ne fut même pas question des motifs qui avaient déterminé notre translation ailleurs ni de la situation politique du moment.

« Nous demeurâmes plus d'une heure dans cette voiture, stationnant dans la cour de Mazas. Au dehors, la foule était immense et impatiente. Elle savait que l'on allait transférer le clergé à la Roquette. Elle frappait avec violence à la porte, menaçant de l'enfoncer si l'on n'ouvrait pas. A la vue de cette foule d'enfants des deux sexes, de femmes du peuple, d'hommes en blouse à la figure sauvage, exaspérés, poussant des cris d'une joie féroce, j'éprouvai peut-être la plus pénible impression de toute ma vie. Ce flot populaire, grossissant de minute en minute, accompagnait la voiture. Les injures les plus basses, les vociférations les plus éhontées sortaient à la fois de toutes ces bouches, *hideuses à voir*. Jamais, non, jamais vous ne sauriez imaginer quelque

---

semblait aussi calme, aussi peu soucieux que s'il se fût rendu, en temps ordinaire, chez un de ses amis.

Le transfert des prisonniers eut lieu le lundi soir, 22 mai. Dans la rage de voir les troupes gagner rapidement du terrain, pour serrer leur proie de plus près et empêcher qu'elle ne leur échappât, les insurgés envoyèrent à Mazas chercher les otages dans des charrettes pour les conduire à la Roquette, aux dernières limites de la résistance probable. Les prisonniers furent entassés pêle-mêle ; M. Petit, secrétaire de Mgr Darboy, se trouva à côté d'un homme qu'il ne reconnut pas d'abord et qui se mit à lui dire amicalement et à voix basse : « Monsieur Petit ! — Quoi ! Monseigneur !... » C'était l'archevêque que la fièvre et la diète rendaient méconnaissable.

chose d'aussi épouvantable. Je croyais voir une légion de démons acharnés à notre suite.

« Mgr l'archevêque baissait les yeux. Je fixais de temps en temps ce vénérable prélat, lui disant dans mon for intérieur : « Voilà votre peuple ! »

« Une fois ou deux, M. le curé de la Madeleine dit à Monseigneur : « Vous entendez Monseigneur? » Le prélat garda le silence,

« Arrêtez ! arrêtez ! A quoi bon aller plus loin? A bas les « calotins! Qu'on les coupe en morceaux ici. N'allez pas plus « loin. A bas! à bas! »

« Vous eussiez dit une troupe de tigres altérés de sang !

« Quelle honte pour l'humanité ! Les soldats de la Commune avaient de la peine à retenir ce flot populaire. La voiture allait au pas, comme pour nous laisser épuiser jusqu'à la lie ce calice d'amertume. Au lieu de traverser la grande voie des boulevards on nous fit suivre la rue du Faubourg-Saint-Antoine et tous ces quartiers-là si dévoués à la Commune. Le trajet semblait long à tous. M. le curé de la Madeleine demandait de temps en temps : « Où sommes-nous? »

« Il était environ huit heures du soir quand nous arrivâmes à la Roquette. On nous fit entrer tous dans une salle d'attente qui est au côté gauche de la porte. Nous attendîmes là plus d'une heure et demie. On faisait, je présume, l'inscription de nos noms au greffe. J'entendis également un gardien faisant cette réflexion que les cellules n'étaient pas prêtes, parce que notre translation à la Roquette avait été subitement ordonnée. On fit deux fois l'appel de nos noms, comme pour bien s'assurer que nous étions tous présents. Il est bien inutile de vous faire observer que Mgr l'archevêque n'avait que le privilége d'être à la tête des otages, sous le titre de citoyen Darboy. Lorsque la Commune arrêta

ce prélat dans son palais, on lui annonçait que tout en
s'emparant de sa personne comme otage, on voulait le traiter avec tous les égards dus à son rang, qu'il aurait son
domestique avec lui, etc. On se servit de sa voiture pour le
transporter au dépôt de la Préfecture. Mais une fois là, Monseigneur ne fut plus qu'un criminel vulgaire. Croiriez-vous
que, dans le mandat d'amener lancé contre Monseigneur, ces
misérables osaient dire : « Ordre d'arrêter le citoyen Darboy
« (Georges), se disant archevêque de Paris ! » Transporté
à Mazas, on ne voulut point laisser à Monseigneur son
grand-vicaire pour compagnon de cellule. On prit la première cellule venue; peut-être même en choisit-on à dessein
une qui était traversée par un des tuyaux de conduit, qui
laissait dans la cellule une atmosphère malsaine. Les instances du docteur de Beauvais déterminèrent les chefs de
Mazas à donner une cellule plus convenable à Monseigneur.

« On nous rangea au bas de l'escalier du 1er étage de la
4e division. Un brigadier, tenant une lanterne à la main,
ouvrait la marche. Chacun suivit dans l'ordre d'appel. On
arrive à la première cellule du corridor. La porte est ouverte. Mgr Darboy entre, on referme aussitôt. Ainsi jusqu'à
la fin. Ni le corridor, ni les cellules n'étaient éclairés. L'obscurité était profonde. Chaque cellule renfermait une paillasse et une couverture. Pas de banc, pas de table, aucun
meuble. C'est en palpant avec les mains que l'on cherchait
à connaître la disposition de la cellule et de son ameublement. Les gardiens se retirèrent aussitôt après nous avoir
tous écroués dans nos cellules. La reconnaissance m'oblige
à signaler ici un des gardiens, qui a constamment bien mé-
rité des otages. Il fermait la marche, lorsqu'on nous introduisit au premier étage. Ce gardien s'approcha auprès de
moi et me dit, d'un ton de voix très-émue: « Ah! monsieur, c'est la rage dans le cœur que je fais cette triste be-

sogne. » Le silence de cette première nuit à la Roquette était lugubre. On sentait, depuis sa cellule, que toutes les poitrines étaient oppressées par l'émotion et l'expectative des sanglants événements qui allaient avoir lieu. Des soupirs, des gémissements et les prières ferventes sortant des cœurs interrompaient seuls le silence de cette nuit mémorable du 22 au 23 mai. Qui aurait pu se livrer au sommeil ? Vers le milieu de la nuit, on introduisit dans notre corridor quelques nouveaux détenus, transférés de Mazas ici. Ce fut un moment de nouvelle émotion. Si je ne me trompe, le nombre des otages dans notre division se trouvait être de quarante-trois personnes, dont onze laïques.

« Quand le jour arriva nous connûmes alors la disposition de nos cellules. Si nous avions pu douter de notre sort, l'installation même de ces cellules nous en eût averti. C'étaient vraiment des cellules de passage pour un séjour de quelques heures. Une simple paillasse avec une couverture, voilà tout l'ameublement. »

§ IV. — *La force des confesseurs.*

« La Providence, dit M. Perny, nous ménagea une joie inattendue. On nous accorda la récréation en commun dans le préau qui longe trois corps de bâtiments de la prison. Les dix otages ecclésiastiques de la 3e division furent envoyés avec nous dans le même préau. Chacun s'empressa autour de Monseigneur l'archevêque, qui se montra aimable à tous, malgré les grandes souffrances corporelles qu'il ressentait, puis, on se forma en petits groupes, passant de l'un à l'autre, afin d'avoir la consolation de se saluer mutuellement. Pendant ces moments de récréation, on se prodiguait mutuellement les consolations et les secours de la religion. Je me plaisais à contempler le spectacle de tous ces otages, condamnés à une mort qui me semblait certaine. Quelle dignité, quel calme, quelle résignation aux desseins du Ciel ! Malgré la gravité de la situation, chacun de ces otages avait un doux sourire sur les lèvres. La dure capti- vité ne semblait peser à personne.

« En me promenant avec ces bien-aimés confrères, je faisais un vœu au fond de mon cœur : « Que les membres « de la Commune ne sont-ils témoins du calme de leurs « otages ! Le spectacle, à coup sûr, me disais-je, leur cau- « serait un profond étonnement. » Plusieurs otages laïques m'ont fait part spontanément de leur admiration à la vue de tous les otages ecclésiastiques, si pleins de mansuétude à l'égard de nos bourreaux, et si calmes malgré le danger imminent qui nous menaçait tous.

« Pendant plus de six semaines, ils avaient été privés d'offrir le Saint-Sacrifice de la Messe, mais Dieu voulait leur ménager une dernière et grande faveur.

« Quelques personne amies pourvoyaient de temps en temps à la nourriture des confesseurs de la foi ; ainsi une généreuse chrétienne trouvait le moyen d'envoyer au P. Ba- zin quelques petits pains de gruau qu'il partageait avec ses compagnons de captivité.

« Or, un jour qu'il faisait sa charitable distribution, te- nant un pain pour le donner, il entendit une voix intérieure qui lui disait : *Ne le donne pas*. Le Père garda le pain pour lui et se mit à le manger. Après quelques bouchées, il sentit sous ses dents un morceau de papier ; c'était un billet contenant ces mots : *Vous recevrez la suprême consolation... Demain, dans un vase. Videz-le avec soin*. Le pot arriva à sa destination, et suivant le mystérieux conseil, il fut vidé avec soin. Que contenait-il ?... Le précieux vase avait un double fond ; dans cette cachette, le Père trouva un tout petit sac de soie rouge qui contenait des hosties consacrées !...

« Le prisonnier se mit à genoux, adora avec larmes et consomma l'une des hosties ; puis il déposa les autres dans un vase de cristal.

« Dans une rénion qui eut lieu le 23 mai, les Pères apportèrent dans cet auguste cénacle le Très-Saint-Sacrement. Chacun avait sa réserve, chacun portait à son cou un sachet de toile pour conserver avec soi les saintes espèces. L'Eucharistie, cette source vive de force et de consolation dont on n'a aucune idée *quand on n'est pas condamné à mort,* disent nos chers survivants, fut partagée entre tous les prêtres qui se confessèrent et communièrent en viatique.

« Monseigneur l'archevêque fut pieux, doux et humble comme un simple prêtre ; Mgr Surat fut tellement inondé de consolations divines, qu'il dit ensuite aux Pères : « Je me reproche de n'avoir pas su profiter de l'offre qu'on m'a faite de m'apporter les saintes espèces. Les conserver m'a semblé un honneur dont je n'étais pas digne ; craignant une exception, j'ai refusé. Si j'avais su, quelle force je me serais réservée ! » (1).

«En regagnant les cellules, chacun se sentait le cœur plus allègre. On s'était fortifié, on s'était encouragé mutuellement à supporter généreusement ces dernières souffrances, en union avec le divin Rédempteur. Jamais on ne sentait

(1) Une dame pieuse, malgré l'horreur que devait lui inspirer la vue des gens de la Commune, s'était dévouée à porter, de temps en temps, à certains ôtages, leur nourriture. Par un habile stratagème, elle avait réussi à faire parvenir à l'un des PP. de la Compagnie de Jésus une pixide renfermant la sainte Eucharistie. Le lendemain de l'exécution de Mgr Darboy, le R. P. Ollivaint me dit que tous ces chers martyrs avaient fait la sainte Communion, et il me raconta alors de quelle manière ils avaient reçu la pixide. (*M. Perny.*)

mieux le bonheur d'être intimement unis, par les liens de la foi et de la charité, au Sauveur du genre humain. Tous les textes de l'Évangile sur ceux qui sont persécutés pour la justice, toutes les paroles de Notre-Seigneur durant sa Passion, revenaient à l'esprit avec une abondance et une clarté merveilleuse. Ces divines paroles faisaient descendre, au fond du cœur, un baume consolateur, dont une voix humaine est impuissante à exprimer les délices. Dans ces heures solennelles de la vie, on sent que Dieu est *tout près de nous*, et l'on n'a aucun effort à faire pour comprendre que l'on est sous la main divine. »

§ V. — *L'heure du Sacrifice suprême.*

Le mercredi 24 mai, il y eut une nouvelle réunion à laquelle se trouvèrent mêlés quelques laïques. On s'encourageait à la mort terrible que chacun attendait, tout en conservant, comme il arrive toujours en pareil cas, quelque lueur d'espérance; car la fusillade approchait, et d'heure en heure devenait plus distincte. On écoutait avec anxiété, puis on s'abandonnait surnaturellement à la volonté de Dieu, et les Pères, par des paroles enflammées, élevaient autour d'eux le niveau moral à l'héroïsme du sacrifice, en union avec Notre-Seigneur dans sa passion.

Citons encore le témoignage de M. Perny, témoin oculaire :

« Vers huit heures du soir, ce mercredi, 24 mai, le corridor de notre 4e division fut envahi par un détachement de fédérés. Ce détachement était composé de vengeurs de la Commune et des soldats de différentes armes. Leur chef était un nommé Viricq (Jean) d'environ trente-six ans, habitant du quartier de la Roquette. Ce misérable laissait traîner son bancal avec fracas sur le pavé en envahissant

notre corridor. Il parlait très-haut. Son arrivée et celle de
ses séides causèrent, j'en suis persuadé, une grande émotion dans la cellule de tous les prisonniers. « Oui, criait-il,
il faut enfin que tout cela finisse. C'est horrible ! » Il achevait
ces paroles de cannibale en passant devant ma cellule. Un
de ceux qui le suivaient prononça alors ces mots sauvages « Ah ! cette fois, nous allons les coucher ! » Je m'étais
approché de la porte pour suivre le mouvement. Ces dernières paroles me glacèrent d'effroi. Je me jetai aussitôt à
genoux sur ma paillasse pour offrir ma vie à Dieu. Cette
horde de barbares continua sa marche jusqu'à l'extrémité
du corridor. Là quelqu'un d'entre eux cria : « Attention,
« citoyens, répondez à l'appel de vos noms. » Un gardien
ouvrit la cellule n° 22. « Etes-vous le citoyen Darboy ! —
« Non, fit le détenu. » C'était M. l'abbé Guerrin, qui, par
un mouvement involontaire saisit la liste que l'un d'eux
portait à la main. On ne lui laissa que le temps de voir
les premiers noms. « Citoyen Darboy ! « Monseigneur,
dit-on, répondit d'une voix accentuée : » Présent. » Sa
cellule fut ouverte. Le prélat sortit et se trouva en face de
ces monstres humains. La disposition du lieu, jointe à l'obscurité de la nuit, ne permettait à personne de voir ce qui
se passait dans ce corridor. L'appel fut continué cinq fois
de la même manière. J'entendis distinctement la réponse de
M. l'abbé Allard. Les six premières victimes sont connues :

« Mgr Darboy, archevêque de Paris.

« M. Deguerry, curé de la Madeleine.

« M. Bonjean, premier président.

« Le P. Ducoudray, supérieur de l'institution Sainte-Geneviève, de la rue des Postes.

« Le P. Clerc, de la même maison.

« L'abbé Allard, aumônier des ambulances.

« Ce bon M. Allard, du diocèse d'Angers, n'avait pas, le

moins du monde, l'air attristé de son aventure. Le jour même où on l'arrêta, il avait consacré tout son temps à soigner les blessés sur le champ de bataille et à prodiguer les secours de son ministère à ceux qui les réclamaient.

« Brutalement enlevées à cette heure, comme si les bourreaux avaient redouté la lumière du jour pour exécuter leur forfait, ces illustres victimes furent aussitôt conduites par le petit escalier tournant, qui mène au préau où nous prenions nos récréations. Que se passa-t-il entre ces victimes innocentes et ces farouches sauvages, « fruits mûrs de notre civilisation païenne du dix-neuvième siècle ? »

« Quelles paroles furent échangées ? Les bourreaux survivants, ainsi que deux gardiens de la Roquette, peuvent seuls nous le révéler. J'ignore si leurs aveux ont été recueillis et publiés. Dans la cour de l'infirmerie, on fut obligé, paraît-il, de faire un séjour de huit ou dix minutes. On n'avait pas les clefs de la porte du chemin de ronde. Il fallut forcer les serrures et les verrous. Il est bien probable que, durant ce temps, des paroles ont été échangées entre les victimes et cette infâme bande de sicaires. On pressent quelles durent être ces paroles ? Les injures les plus grossières ont dû être prodiguées aux victimes; car cette troupe n'était pas à jeun. Deux infirmiers de la Roquette ont pu voir le cortége durant quelques instants. Ce sont eux qui m'ont affirmé à moi-même, avant mon évasion définitive de la Roquette, que les victimes étaient abreuvées des injures les plus grossières.

« Ce serait alors, dans le préau, que l'un de ces scélérats aurait dit à Mgr Darboy : « Pourquoi n'avez-vous rien fait pour la Commune ? »

En leur adressant la parole, avec la plus grande mansuétude, Monseigneur ne se servait jamais que de ce mot : mon ami. Le prélat manifesta son horreur pour la guerre civile, attribua à sa dure détention de n'avoir fait davantage pour la paix. Les paroles de l'archevêque étaient prononcées avec tant de fermeté qu'un des officiers de cette bande féroce en aurait été touché, paraît-il. Car après que Monseigneur eut cessé de parler, ce misérable aurait prononcé, en s'adressant aux siens, à peu près ces paroles : « Eh ! oui f..., il a raison ; nous avons reçu le mandat de les exécuter, nous ne devons pas les insulter, f...; taisez-vous. Demain, la même chose nous arrivera peut-être à nous aussi. »

On présume que cet endroit du préau avait été choisi d'abord pour le lieu de l'exécution. On remarqua entre eux un peu d'hésitation ; il y eut un instant de délibération entre les chefs et le brigadier Romain. Cet endroit était sous les fenêtres de l'infirmerie, et des infirmiers étaient en effet placés à ces fenêtres, d'où ils virent distinctement et entendirent de même les paroles que nous venons de rapporter.

A peine cette bande de cannibales eut-elle disparu de notre corridor avec les victimes, que je me levai pour prier, en m'appuyant sur ma fenêtre qui était ouverte. Dix minutes, un quart d'heure environ s'était à peine écoulé que le cortége arrive sous ma fenêtre. Je tressaillis à cette vue. Je m'inclinai aussitôt, après avoir donné, toutefois, en élevant la main, une absolution à ces victimes. Le brigadier marchait en tête, les mains dans ses poches. Derrière lui, les victimes étaient entourées par les soldats marchant dans une espèce de désordre.

Mgr l'archevêque donnait le bras à M. Bonjean ; M. Deguerry donnait le sien au P. Ducoudray ; le P. Clerc et M. Allard venaient en dernier lieu. Ce dernier portait son brassard d'aumônier et tous les autres insignes ; sa gourde et d'autres étuis renfermant probablement ses papiers étaient suspendus à sa ceinture ; il était, en un mot, tel que je l'avais vu le soir de son arrivée à la Préfecture de police. En passant devant ma fenêtre, il levait les yeux et les mains au ciel de la manière la plus affectueuse et disait très-haut : *Mon Dieu! Mon Dieu!* J'ai cru remarquer que le chef de la bande terminait le cortége, son bancal traînait à terre. C'était toujours Viricq (1) !

(1) *Paris-Journal* prétend donner des détails précis sur cet assassinat ; ils lui auraient été fournis par M. Jacob, bibliothécaire de la Roquette, témoin oculaire :

« Jusqu'au dernier moment, Monseigneur s'est entretenu avec M. Bonjean, auquel il donnait le bras, aussi tranquillement que si l'un et l'autre avaient été mis en liberté. Ils ne se sont pas quittés.

« Ils ont écouté sans colère, sans indignation apparente les injures de leurs bourreaux qui hurlaient, les tutoyaient, leur criant :

« — A mort ! à mort ! assassins ! crapules !

« Interrogé par ces bandits en ces termes :

« — De quel parti es-tu ?

« Monseigneur a répondu :

« — Du parti de la liberté.

« — Qu'est-ce que tu as fait pour la Commune ?

« — J'ai demandé au gouvernement de Versailles de ne point fusiller ceux qui combattaient pour elle.

« Sur ces mots, les cris ont redoublé.

« Un des fédérés, à ce moment, aurait même dit :

« — Citoyens, faites votre devoir, mais n'insultez pas !

« M. Jacob nous assure que si, à ce moment, il se fût seulement trouvé parmi les assassins deux hommes qui eussent appuyé celui qui venait de prononcer cette parole, Mgr Darboy et les autres victimes auraient été sauvés.

« Mais pas une voix, pas une protestation ne s'éleva.

« On entraîna les prisonniers dans la cour du second mur d'enceinte.

« Huit fédérés, armés de chassepots, les accompagnaient, vociférant, menaçant.

« Il y eut deux décharges.

« A la première, tous les prisonniers tombèrent, moins Mgr Darboy.

« A la seconde, l'archevêque, lui aussi, tomba foudroyé.

« C'est alors que les fédérés se jetèrent sur les cadavres.

« A coups de crosse ils brisèrent les deux jambes de M. Bonjean. »

Deux ou trois gardiens suivaient le cortége. L'un d'eux
e nomme Jeannard. On a su par ces témoins que les victi-
nes s'encourageaient mutuellement, avec beaucoup d'en-
rain, au suprême combat de la vie. A un moment donné,
Igr l'archevêque se serait tourné vers les autres victimes, et
eur aurait donné à tous sa bénédiction. L'un des gardiens,
robablement ému de cette scène touchante, qui ne se voit
ue dans l'arène où succombent les martyrs de Jésus-Christ,
urait alors abandonné le cortége pour rentrer dans la
rison.

Un autre surveillant s'avança un peu dans le second che-
nin de ronde, se tenant toutefois à distance. Arrivées à
angle du second mur d'enceinte, à l'endroit même où l'exé-
ution allait avoir lieu, les victimes se seraient mises à ge-
oux pendant quelques secondes. Quelle prière ! Ce surveil-
int n'aurait pas eu la force d'aller plus loin ; il se serait
etiré à la hâte. Placées environ à deux mètres de distance
u mur, sur une même ligne, ainsi que cela paraît visible
ar les balles qui atteignirent le mur, les victimes tombè-
ent bientôt sous un feu de file en désordre. Un bon nombre
'otages de notre corridor entendirent distinctement cet
orrible massacre.

Voici d'autres détails donnés par un témoin oculaire :

« Mgr Darboy s'avança en bénissant, avec une douce ma-
sté qui lui venait du ciel. On l'entendit parler sans distin-
uer ses paroles, en sorte que ce fut un gardien qui les ré-
éta plus tard. Jusqu'à présent, elles sont restées d'une au-
enticité douteuse.

«Les témoignages sont unanimes à le représenter disant à
es misérables qu'ils allaient commettre un odieux assas-
inat, qu'il n'avait jamais été contraire à la vraie liberté ;
ue, du reste, il était ré   ourir, s'en remettant à la
olonté de Dieu et p   donnant à ses   eurtriers.

6

« Ces paroles étaient à peine dites, que le peloton fit feu sur les victimes placées le long du mur d'enceinte. Ce fut un feu très-irrégulier ; ceux qui n'étaient pas tombés essuyèrent une seconde décharge, après laquelle Monseigneur de Paris fut encore aperçu debout, les mains élevées.

« Les massacreurs étaient ivres. Émus cependant de la haute dignité de leur victime, ils hésitèrent, l'arme trembla dans leurs mains, et ce ne fut qu'à la troisième décharge que, *debout encore*, Monseigneur reçut le coup mortel, vers sept heures du soir, le jour de la fête de Notre-Dame Auxiliatrice, qui avait sauvé Pie VII. Cette fête de la sainte Vierge avait beaucoup occupé les martyrs futurs. Ensemble et avec ferveur, ils avaient prié la Mère de Dieu comme on la prie à l'heure de la mort.

« Pendant le sinistre appel, l'abbé Deguerry tenait dans sa main une hostie et attendait. Son nom retentit ; il la consomma et *passa* en faisant son action de grâces.

« Le vénérable curé de la Madeleine avait reçu deux balles, l'une à la poitrine, l'autre à la tête. Tout porte à croire qu'il avait ouvert sa soutane et présenté ainsi noblement sa poitrine aux bourreaux, car sa soutane n'a nulle part présenté l'ouverture que le projectile devait y faire. L'autre balle s'était arrêtée dans la tête.

« La première sollicitude des chefs militaires qui prirent possession le matin de la Roquette, a été de s'informer où gisaient les dépouilles mortelles de ces illustres victimes du 24 mai et des jours suivants. Les barbares exécuteurs de l'archevêque de Paris et de ses compagnons étaient venus recueillir ces corps couverts de blessures glorieuses vers le milieu de la nuit. Ils avaient fouillé ces victimes, enlevé la croix pectorale de l'archevêque, son anneau, sa montre, jusqu'à ses souliers. — Sa soutane était déchirée à l'endroit des poches.

« La main de ces scélérats devait être tremblante en accomplissant ce crime.

« Ils avaient enveloppé les corps des six victimes dans une même couverture, que l'on conserve à la Roquette, et placé le tout sur une voiture à bras. On les conduisit au cimetière du Père-Lachaise, et on les jeta ensemble dans une même fosse creusée à l'avance. C'est là qu'on est allé aujourd'hui recueillir ces précieuses dépouilles. Une simple couche de terre les couvrait; il avait plu le vendredi et le samedi; on dut employer des précautions pour déblayer de leurs figures cette boue sanglante. Leurs vêtements étaient souillés et ensanglantés. Trois conps de feu avaient frappé l'archevêque de Paris; deux dans la région de la poitrine, à droite, une un peu plus bas, à gauche.

« On a fait courir le bruit que Mgr. Darboy avait été fusillé par derrière. M. le docteur Désormeaux et ses collègues affirment que cela est une erreur. Le vénérable prélat a reçu, après être tombé sur l'arène sanglante, quelques coups de baïonnette dans les reins. C'est ainsi que les vêtements se sont trouvés lacérés en cet endroit.

« Le pouce et l'index de la main droite sont broyés et à moitié enlevés. Il paraît vraisemblable que l'archevêque martyr aura porté sa main sur sa poitrine en prononçant quelques paroles, ou l'aura avancée, pour bénir ses bourreaux. La face avait subi un gonflement notable dû à un commencement d'emphysème (1).

(1) Le bref et cynique procès-verbal suivant, qui est celui des six plus illustres otages de la Commune, a été trouvé à la maison du onzième arrondissement, devenue en dernier lieu le refuge de la Commune, du Comité de salut public, et le quartier général de l'insurrection :

« COMITÉ DE SURETÉ GÉNÉRALE.

« Aujourd'hui, 24 mai 1871, à huit heures du soir, les nommés

§ VI. *Le tour des bourreaux.*

« Le citoyen Garceau, homme de confiance de Raoul Rigault, qui l'avait préposé à la garde de l'archevêque, — d'abord au dépôt la Préfecture de police, puis à Mazas, a été fusillé le soir même de la prise de possession de Mazas par l'armée, dans la cour de gauche, sous les fenêtres de son cabinet directorial.

« Ce personnage sinistre, ancien serrurier, dur et cruel avec ses prisonniers, qui ne marchait qu'avec un révolver à la ceinture et un chassepot en bandoulière, toujours aviné, avait été courageusement mis sous séquestre par les gardiens de Mazas, et notamment par M. Doyen père, brigadier, qui brava sa fureur et son révolver aussitôt après l'évacuation de la prison. »

Nous lisons dans la *France :*

« Le capitaine Révol, de la garde nationale, qui a présidé

Georges Darboy, Louis-Bernard Bonjean, Léon Ducoudray, Michel Allard, Alexis Clérc et Gaspard Deguerry, ont été exécutés à la prison de la Grande-Roquette.

« COMMUNE DE PARIS.

« *Cabinet du chef. — Sûreté générale. — Police municipale.* »

Ce cachet est à l'encre bleue, et il ne se trouve aucune signature au bas du procès-verbal.

Le greffier a-t-il reculé devant l'horreur ou devant le châtiment possible du forfait ?

Au bas de la copie de ce procès-verbal désormais historique se lit la mention suivante :

« Pour copie conforme à l'original, qui nous a été représenté et collationné par nous.

« Paris, en mairie, 10 juin 1871.

« *Le maire du onzième arrondissement,*

« CH. RUINET. »

à l'arrestation de l'archevêque de Paris, a été fusillé dans le fort de Vincennes le jour de la prise de ce fort.

« Avant d'être exécuté, il a fait des aveux complets.

« Avec lui ont été fusillés :

« Le prince de Bagration, Russe, ancien commandant communeux de la gare du Nord ;

« Charles Okolowitch, un des aides de camp de Dombrowski ;

« Le colonel Delorme ;

« Vierlet, commissaire central de la Commune à Vincennes ;

« Lepercheux, commissaire délégué de la Commune ;

« Vanderburch, un Belge, commissaire délégué à la porte de Vincennes ;

« Vaillant, un autre commissaire de la Commune ;

« Et Bourdieu, un sergent de chasseurs à pied, chargé, avec un nommé Merlet, qui s'est brûlé la cervelle au moment de son arrestation, de faire sauter le fort. »

Nous empruntons au *Siècle* les détails qu'il publie sur l'exécution de Raoul Rigault :

« Mercredi, à trois heures de l'après-midi, l'ex-délégué à la sûreté générale, l'ex-procureur de la Commune, Raoul Rigault, était venu donner des ordres aux fédérés du cinquième arrondissement,

« Il se rendit ensuite rue Gay-Lussac, à l'hôtel du même nom, dans lequel il avait loué une chambre sous le nom de Varcla.

« Cette chambre était occupée par une actrice de l'un de nos petits théâtres.

« Au moment où il mettait la main sur le cordon de la sonnette, des soldats débouchaient par la rue des Feuillantines.

« A la vue de Raoul Rigault, qui portait le costume de chef d'escadron d'état-major, ils firent feu sur lui sans l'atteindre.

« La porte s'ouvrit au même instant. Aussitôt les soldats arrivèrent au pas de course et se précipitèrent dans la maison.

« Ils mirent d'abord la main sur le propriétaire, qui était en bras de chemise, le prenant pour l'homme qu'ils poursuivaient, à cause de sa barbe noire, pareille à celle que portait Raoul Rigault.

« Un chirurgien aide-major, M. Defosse-Dureau, qui habite la maison, descendit précipitamment et leur assura qu'ils avaient affaire à un homme paisible et étranger à nos luttes politiques.

« Les soldats se mirent à fouiller la maison, et ne tardèrent pas à trouver Raoul Rigault, qui, du reste, les suivit après s'être nommé.

« On lui fit descendre la rue Gay-Lussac pour l'amener au Luxembourg.

« A la hauteur de la rue Royer-Colard, à quelques pas du boulevard Saint-Michel, l'escorte rencontre un colonel d'état-major qui s'informe du nom du prisonnier :

« Celui-ci répondit par ce cri : « Vive la Commune ! à bas les assassins ! »

« Aussitôt il est acculé contre le mur et passé par les armes.

« Son cadavre est resté à la même place jusqu'à cette après-midi. »

II

Les compagnons de supplice de Mgr Darboy.

Pour compléter notre travail, nous donnons ici quelques détails biographiques recueillis sur les victimes qui ont partagé le sort de Mgr Darboy.

Monsieur l'abbé Deguerry (1).

M. Deguerry né à Lyon en 1797, était âgé de 74 ans. Il était fils d'un marchand de bois. Après avoir commencé ses étu-

(1) Comme Mgr Darboy, M. l'abbé Deguerry, dans les premiers ours de sa détention, a fait des démarches auprès du gouvernement.

On écrivait de Versailles au *Courrier de Lyon*, en date du 20 mai, ce qui suit :

« Jugez de l'anxiété de M. Thiers, des ministres et de nous tous, à Versailles, qui craignons d'apprendre d'un moment à l'autre la nouvelle du massacre des prisonniers !

« L'archevêque de Paris a écrit une troisième lettre à M. Thiers pour obtenir l'échange du prélat contre Blanqui ; mais la Commune exige que ce vieux terroriste soit livré à Paris même, c'est-à-dire replacé à la tête de l'insurrection. Le conseil des ministres a été unanime à repousser cette condition, malgré son vif désir de sauver Mgr Darboy. Les mêmes exigences auraient été produites pour d'autres otages et, de cette manière, les chefs de la plus abominable des insurrections se seraient assuré l'impunité.

« Le vénérable curé de la Madeleine, l'abbé Deguerry, était un vieil ami de M. Thiers et de sa famille, ce qui leur rend plus pénible de ne pouvoir l'arracher des mains de ses bourreaux. »

des dans une maîtrise de sa ville natale, il alla les terminer au collége de Villefranche. Ordonné prêtre en 1820, il professa pendant quatre ans la philosophie, la théologie, l'éloquence, et se livra ensuite à la prédication. En 1824, il prêchait à Lyon ; en 1825 et en 1826, à Paris, et, l'année suivante, il fut nommé aumônier du 6e régiment de la garde royale de Charles X. Il suivit son régiment jusqu'en 1830, à Orléans, à Rouen et à Paris.

Après avoir repris exclusivement, de 1830 à 1839, le cours de ses prédications, M. Deguerry fit, en 1840, un voyage à Rome. A son retour, il devint chanoine de Notre-Dame ; archiprêtre en 1844, il passa à la cure de Saint-Eustache l'année d'après, puis, en 1849, à celle de la Madeleine. Il fut proposé par l'empereur pour l'évêché de Marseille, mais il crut ne devoir pas accepter. Peut-être craignait-il des difficultés du côté du Saint-Siége, à cause de la conduite qu'il avait tenue dans le temps au congrès de la Paix dans la compagnie de M. Coquerel et de Victor Hugo.

Depuis cette époque, on n'a rien dit de défavorable sur son compte. Quelques journaux ont prétendu que dans une réunion du clergé, il avait félicité Mgr l'archevêque de Paris sur son attitude au concile du Vatican.

Quoiqu'il en soit, il a, par sa mort pleine de courage et de générosité, racheté amplement les fautes qu'il aurait pu commettre dans les hautes positions qu'il a occupées.

Les pauvres de la Madeleine dont il s'occupait avec beaucoup de sollicitude ont prié pour lui, et c'est sans doute à leurs supplications qu'il a dû cette fermeté avec laquelle il a bravé la mort.

Voici quelques détails donnés par Me Rousse sur M. Deguerry qu'il alla visiter en sortant de la cellule de Mgr l'Archevêque de Paris :

« Lorsque j'entrai, il était assis entre le lit et la table sur l'unique chaise de la cellule. Sur la table était quelques livres, des journaux et un petit crucifix en cuivre, comme ceux que portent les religieuses. Sans se lever, le pauvre curé me tendit les bras et m'embrassa longuement, puis il me força de prendre sa chaise.

« — Ah! j'ai bien le temps d'y être, me dit-il.

« Et il s'assit près de moi sur le pied de son lit. Je ne le trouvai pas changé, seulement il avait maigri, sa barbe et ses moustaches blanches se détachaient sur son teint rouge et sur ses grands traits qu'encadraient les restes de sa plantureuse chevelure. Avec son abondance ordinaire, le bon curé se mit à me raconter les propos burlesques que lui avaient tenus Rigault et Dacosta.

« — Qu'est-ce que c'est que ce métier que vous faites?

« — Ce n'est pas un métier, c'est une vocation, un ministère moral que nous remplissons pour améliorer les âmes.

« — Ah! des blagues, tout cela! Enfin quel tas d'histoires faites-vous au peuple.

« — Nous lui enseignons la religion de Notre-Seigneur Jésus-Christ.

« — Il n'y a plus de seigneur, nous ne connaissons pas de seigneur.

« Voici ce que disait au bon abbé le directeur de la prison dans un moment d'épanchement :

« — Moi aussi, j'ai des idées religieuses. J'ai voulu me faire frère morave. Après ça j'ai eu idée de me faire chartreux; mais j'aime mieux me faire mormon.

« L'abbé Deguerry ajouta qu'il n'avait besoin de rien, que sa domestique lui faisait passer ce qu'il demandait. En effet, sur la table se trouvaient plusieurs oranges, du chocolat et quelques bouteilles.

« — Nous recevons les journaux, me dit-il. Ah! je voudrais bien que vous m'apportiez *la Grandeur et la Décadence des Romains*, de Montesquieu.

« — Bien volontiers, monsieur le curé, je vous l'apporterai mardi, en revenant vous voir.

« — Vous pouvez revenir, n'est-ce pas ?

« — Assurément, tant que je voudrai. Ma permission n'est pas limitée.

« — Ah! j'en suis bien heureux, bien heureux ! Que je vous remercie ?

« Le digne homme en disant cela s'attendrissait et les larmes le gagnèrent.

« Je m'étais levé. En faisant les deux ou trois pas qui nous séparaient de la porte, il me tenait la main. Arrivés au bout de la cellule :

« — Allons, me dit-il, portez mes tendresses à votre mère. *Vous lui direz que j'ai pleuré.*

« En effet il m'embrassa en sanglotant.

« — Allons, allons, dit-il en se remettant, à mardi... N'oubliez pas mon livre... »

M. Deguerry ayant vu qu'on ne pouvait rien espérer du côté des hommes se retourna uniquement vers Dieu.

Ses compagnons de captivité lui ont rendu justice à ce sujet.

Le vénérable curé de la Madeleine, disent-ils, ne se faisait pas illusion sur son sort. Il soutenait vivement que le salut de Paris ne pourrait s'obtenir sans l'effusion du sang, s'appuyant sur ce texte : *Sine sangninis effusione, non fit remissio.*

Voici un extrait du journal de M. Perny :

« Je me promenai quelques instants avec M. Deguerry, dont le calme le plus parfait excitait au plus haut degré mon admiration. J'en étais si frappé que j'en faisais la remarque à d'autres confrères.

« Assurément, ce vénérable curé connaissait parfaitement la situation ; une grande énergie de caractère jointe à la foi vive et simple du bon prêtre lui faisait surmonter les émotions et les craintes de la nature.

« On avait amené de l'ambulance du Jardin des Plantes une centaine de soldats en convalescence, qui avaient refusé de prendre les armes sous la Commune. Ces braves soldats se promenaient dans un préau qu'une grille séparait du nôtre. Un bon nombre d'entre eux demeuraient là appuyés contre la grille, contemplant tous ces otages ecclésiastiques. M. Deguerry s'avança près de la grille et leur adressa ces mots :

« Mes amis, j'aime beaucoup les soldats. J'ai été autrefois « aumônier de la garde royale. Avez-vous connu le duc de « Malakoff ? Eh bien, c'était mon ami intime. Soyez braves « et fidèles à vos devoirs, mes amis, et Dieu vous bénira. » Ces bons soldats ont dû être frappés du ton avec lequel M. le curé de la Madeleine leur adressa ces paroles.

« Je vous ai dit la *majesté* de M. Deguerry durant toute sa détention. Il n'est aucun otage qui n'en ait été frappé. Moins que personne, il se faisait illusion sur la situation. Je me suis promené avec lui le mercredi, dernier jour de sa vie, durant une demi-heure. Après l'avoir quitté, je ne cessais de faire remarquer à quelques-uns de nos autres collègues le calme et la sécurité qui brillaient sur la figure de ce curé distingué. Quand on lui demandait si le danger de notre situation lui causait du trouble, il répondait invariablement ces paroles : « Pourquoi voulez-vous que j'éprouve « du trouble à la pensée de la mort ? Les missionnaires, et « nous en avons au milieu de nous, ne partent-ils pas avec « un cœur joyeux, malgré la presque certitude de succom-

« ber? Mourir comme eux serait un si grand honneur que
« je n'ose l'espérer. »

« A d'autres amis, M. Deguerry disait : « Mourir à 74 ans,
« il n'y a pas grand mérite ; car à cet âge on a déjà un pied
« dans la tombe. Je voudrais avoir 25 ans pour faire un sa-
« crifice en offrant ma vie. » Ces paroles vous peignent à
merveille M. le curé de la Madeleine. »

Le R. P. Ducoudray, jésuite.

Placé, depuis plusieurs années, à la tête de l'école Sainte-
Geneviève, il avait fait de cet établissement une pépinière
féconde pour toutes les écoles du gouvernement. Chaque
année, sous sa direction, et par les soins d'un personnel de
professeurs éminents, deux ou trois cents élèves se prépa-
raient aux redoutables concours des écoles supérieures, et
bon nombre parvenaient à s'y faire admettre dans les rangs
les plus honorables, au point de rendre jaloux M. le ministre Duruy lui-même, qui voyait, non sans quelque dépit,
les succès toujours croissants d'un établissement qu'on appelait, assez dédaigneusement autour de lui, une *école congréganiste,* dit M. Beluze.

Si maintenant on veut savoir comment les élèves du P. Ducoudray appréciaient leur vénéré supérieur, qu'on lise les
lignes suivantes, extraites d'une lettre écrite récemment par
l'un d'eux (1).

« Que dire du P. Ducoudray, ce noble et saint religieux
« dont la parole sympathique semble vibrer encore au mi-
« lieu de nous et raviver dans nos âmes de doux et chers
« souvenirs.

« Comblé des dons de l'intelligence et de la fortune, de
« bonne heure il avait sacrifié tous les avantages que le

_____

(1) M. Robert d'Esclaires, élève ingénieur des mines.

« monde admire aux ardeurs de sa nature généreuse et
« croyante. Mais, en se dérobant au monde, il avait con-
« servé ces grâces aimables et cette exquise affabilité qui
« révélaient en lui une âme d'élite. Investi jeune encore de
« la direction de l'école Sainte-Geneviève il en remplissait
« avec un dévouement sans réserve les hautes et difficiles
« fonctions. Pénétré du besoin de se faire aimer il savait se
« donner tout à tous et tempérer la rigueur de la discipline
« par l'onction la plus paternelle et la plus gracieuse bien-
« veillance. Nul ne résistait à l'attrait de ce prêtre qui joi-
« gnait à toutes les autres vertus de la vie apostolique, l'élé-
« vation du langage et de la pensée, toutes les qualités qui
« sont l'apanage d'un grand caractère et qu'il excellait à
« semer dans les âmes, tant il en était la réelle et vivante
« personnification. »

. Pendant le siége de Paris par les Prussiens, le P. Ducoudray eût l'occasion de déployer son zèle infatigable. —
Qu'on juge de la peine par ses fruits. — A la fin du siége,
les Pères Jésuites comptaient 10,000 journées de blessés ;
leur argent était totalement épuisé.

L'heure de capituler arrive. Le Père Ducoudray était profondément triste ; il prévoyait que l'heure du châtiment
n'était pas éloignée. Le siége avait passé, et au milieu de ses
désastres la population parisienne n'avait pas entrevu la
main de Dieu. « Dans trois mois, me disait alors cet
« homme de bien, il ne resterait pas une pierre de Paris que
« je ne saurais m'en étonner. Il faudrait à notre siècle un
« Bossuet pour exposer à tous le sort qui attend cette grande
« ville privée de Dieu. » Pourtant il comprenait que la
France, plus que jamais, demandait des citoyens forts et
vertueux. Aussi il veut absolument rouvrir son école, il tra-
vaille jour et nuit. Le 18 mars arrive et ferme à la jeunesse
les portes de Paris. N'importe, il ne se décourage pas et

7

convoque ses élèves à la campagne. A cette heure, on vient annoncer aux Pères que la Commune les veut faire arrêter.

Le Père Ducoudray refuse de partir et de quitter Sainte-Geneviève avant le dernier de ses Frères ; deux jours après il était prisonnier et emmené à Mazas. Parlerais-je de sa captivité ? Au fond du cachot, il demeure le même, le plus patient, le plus affable du monde, songeant à tous ceux qu'il aimait.

Appelé à des fonctions moins hautes et moins étendues que le P. Ducoudray, le P. Clair ne fut pas moins cher à tous ceux qui l'eurent pour maître et pour ami.

Ancien officier de marine, il apportait dans l'exercice de son apostolat ce mélange de franchise et de spirituelle gaieté qui était le fond de son caractère. Sur son front déjà dépouillé, l'autorité de la science s'effaçait devant le rayonnement de la vertu et de la bonté.

M. Bonjean président de la Cour de cassation.

M. Bonjean, comme nous l'avons déjà dit, est tombé victime des communards à côté de Mgr Darboy, son ami. La Providence, sans doute, pour récompenser ses vertus morales, lui a accordé cette faveur d'une fin si méritoire qui devait le soustraire aux dangers de sa haute position dans le monde.

M. Bonjean a fait ses premières études sous la direction d'un oncle curé qui le protégeait. Les semences de foi, jetées dans son âme par ce digne prêtre, ont porté leurs fruits plus tard et amplement réparé un passé qui ne laissait pas d'inspirer des craintes au point de vue religieux.

Voici d'abord des détails biographiques pris dans le *Dictionnaire des contemporains :*

« M. Bonjean, né à Valence (Drôme) en 1804, d'une ancienne famille de Savoie éprouvée par des revers, eût à lutter lui-même contre la pauvreté. Après avoir donné, à Paris, des répétions de droit, il se fit inscrire au barreau et passa ses examens pour le doctorat en 1830. Cette même année, il fut un des *décorés de Juillet* pour avoir pris une part active au triomphe de la Révolution, qui chassa la branche aînée des Bourbons. »

M. Bonjean devint successivement avocat à la cour de cassation. Plus tard avocat général à la même cour ; membre du conseil d'État en 1851, après avoir été ministre du commerce pendant quelques mois sous la présidence de Louis-

Napoléon. Il fut élevé à la dignité de sénateur le 16 janvier 1855.

Tant de faveur de la part de César lui furent nuisibles. Il crut devoir, par reconnaissance et pour plaire au maître, attaquer, au Sénat, dans la séance du 28 février 1862, le pouvoir temporel du Pape en concluant, disait-il, avec saint Bernard, que *ce pouvoir temporel est plus nuisible qu'utile, soit à l'indépendance du Saint-Siége, soit au développement dans le monde des principes catholiques.*

Ce discours fut imprimé en brochure et envoyé aux membres du Clergé sous le couvert de l'administration.

Le docte et éloquent évêque de Nîmes releva le gant, et dans deux instructions pastorales, vrais chefs-d'œuvre de polémique, il mit à néant les raisonnements absurdes du sénateur, improvisé théologien.

M. Bonjean s'était permis aussi de se moquer des foudres de l'Église, en disant : « De nos jours, peu nombreux sont ceux qui s'inquiètent de l'excommunication : *Abusus tulit usum.* »

Après avoir stigmatisé avec vigueur ces paroles malheureuses, Mgr Plantier ajoute ces menaces, devenues, hélas ! une effrayante réalité :

« Que M. le sénateur ne s'y trompe pas : les Papes ont le secret des colères et des vengeances suprêmes. Quand ils prédisent ou aux souverains ou aux peuples coupables des expiations et des malheurs, l'avenir se charge presque toujours de vérifier leurs oracles. De même quand ils ont frappé d'excommunication les auteurs de quelques attentats contre l'Église et le Saint-Siége, il est rare que le Ciel ne sanctionne pas ces arrêts redoutables par des calamités ou des opprobres envoyés à ceux dont ils ont meurtri le front. On en compte de nombreux exemples dans le passé. La *Question romaine* fournira aussi les siens à l'histoire, et peut-être, M. le sénateur en parlera-t-il un jour avec un ton moins railleur qu'il ne le fait aujourd'hui. » (*Œuvres de Mgr Plantier*, t. III, p. 324.)

Mais hâtons-nous de le dire, Dieu, comme l'Église, ne frappe dans ce monde ceux qui s'égarent que pour les ramener dans la bonne voie. C'est ce qui est arrivé à M. Bonjean ; sa mort si digne a effacé les taches de sa vie.

M. Bonjean écrivit de Mazas le 30 avril 1871, une lettre qui lui fait honneur. Nous regrettons de ne pouvoir en citer que de courts extraits :

« Vous m'avez demandé, mon cher Guasco, pourquoi, deux fois, le 8 septembre et le 20 mars, j'étais rentré à Paris, alors que le séjour de cette ville pouvait présenter de sérieux dangers. Vous êtes étonné surtout que je n'aie pas profité de l'armistice du 28 janvier, pour aller embrasser à Bagneux ma femme et mes enfants, pour lesquels vous connaissez mon extrême tendresse et dont j'étais séparé depuis si longtemps.

« Si, au lieu de combattre bravement à Villiers et de vous faire mutiler sur le plateau d'Avron par un obus prussien, vous fussiez venu causer quelquefois avec votre vieil ami, vous sauriez qu'étant donné le principe incontestable que c'est surtout aux jours du danger qu'un fonctionnaire doit être à son poste, je ne pouvais agir autrement que je ne l'ai fait. »

Après avoir donné les raisons de sa conduite, M. Bonjean ajoute ces belles paroles :

« Ce que j'ai fait, je le referais encore, quelque douloureuses qu'en aient été les conséquences pour ma famille tant aimée. C'est que, voyez-vous, à faire son devoir, il y a une satisfaction intérieure qui permet de supporter avec patience et même avec une certaine suavité, les plus amères douleurs. C'est le mot du sermon sur la montagne, dont je n'avais jamais si bien compris la sublime philosophie : — *Heureux ceux qui souffrent persécution pour la justice !...* C'est la même pensée exprimée par Sidney soûs une autre forme, quand s'étant pris à rire en descendant l'escalier de la tour, pour porter sa tête sur l'échafaud, il répondit à ses amis étonnés de cet accès de gaieté dans un pareil moment : *Mes amis, il faut faire son devoir et rester gai jusqu'à l'échafaud inclusivement.*

« Que, loin de vous décourager, mon exemple vous soit, au contraire, un nouvel encouragement à faire votre devoir, quoi qu'il en puisse advenir ; car, je puis vous affirmer sur l'honneur, que, sauf la poignante inquiétude que j'éprouve pour la santé de ma noble et sainte compagne, jamais mon âme ne fut plus sereine et plus calme que depuis que j'ai perdu jusqu'à mon nom, pour ne plus être que le n° 14 de la 6e division. Mais ce n° 14 vous aime bien et vous bénit comme si vous étiez un de ses enfants. »

Dans cette belle lettre, M. Bonjean avoue qu'il *n'avait jamais si bien compris la sublime philosophie des béatitudes évangéliques.* Ah! c'est qu'il y a dans le malheur que l'on endure en faisant son devoir, une lumière céleste qui dissipe bien des préjugés et des doutes.

C'est ainsi que M. le président Bonjean a dû regretter d'avoir dans le discours de la distribution de prix au collége Charlemagne à Paris, attaqué les congrégations enseignantes pour louer outre mesure l'*Université* qui avait fait perdre à Lacordaire la foi qu'il tenait de Dieu et de sa pieuse mère (1).

(1) Dans le discours de M. Bonjean, à la distribution des prix du collége Charlemagne, on a remarqué le passage suivant :

« Cherchez parmi les célébrités formées dans *nos écoles*, vous n'en

Pendant ces longs jours de captivité il fut donné à M. Bonjean de voir, d'étudier de plus près ces hommes noirs, ces *terribles* Jésuites dont il avait entendu dire tant de mal.

En voyant le calme, je dirai presque la joie de ces

rencontrerez pas une qui se soit montrée *hostile aux idées religieuses*, mais vous y trouverez :

« P. Lacordaire, élève du lycée et de la Faculté de droit de Dijon;

« Un P. de Ravignan..., un P. Gratry...;

« Deux au moins de nos cardinaux, et plusieurs de nos éminents prélats.

« C'est *donc* à l'enseignement laïque, à l'*enseignement universitaire* que l'*Eglise catholique* doit et ses plus hauts dignitaires, et les orateurs qui, de notre temps, ont jeté le plus d'éclat sur sa chaire. »

On conviendra qu'il était difficile de pousser plus loin le sophisme. Voici, du reste, comment Lacordaire répondait d'avance, il y a trente-quatre ans, à l'abus audacieux que M. le sénateur Bonjean vient de faire de son nom :

« J'avais vieilli neuf ans dans l'incrédulité, lorsque j'entendis la voix de Dieu qui me rappelait à lui. Si je recherche au fond de ma mémoire les causes *logiques* de ma conversion, je n'en découvre pas d'autres que l'évidence historique et sociale du christianisme, évidence qui m'apparut dès que l'âge me permit d'éclaircir les doutes que j'avais respirés avec l'air *dans l'Université*. J'indique la source de mes doutes, quoique j'aie résolu de ne laisser tomber de ma plume aucune parole blessante, parce que, privé de bonne heure d'un père chrétien, et *élevé par une mère chrétienne, je dois à la mémoire de l'un et à l'amour de l'autre de déclarer toujours* que je reçus d'eux la religion avec la vie, et que *je la perdis chez les étrangers imposés à eux et à moi.* »

« Un de ces jours, dit M. Adrien de Thuret, dans l'*Univers*, j'eus occasion de passer quelques heures à Riom, où M. Bonjean était, il y a si peu d'années encore, premier président de la cour impériale. Il a été question du discours prononcé au lycée Charlemagne, et un jeune homme s'est écrié tout à coup devant moi : « Mais comment « se fait-il que M. Bonjean, qui parle ainsi, ait mis ses fils au col- « lége des Pères Maristes? »

hommes jetés en prison en haine de l'Eglise, il sentit ses
préjugés s'évanouir. Quand il fallut se choisir un confesseur
afin de se préparer à paraître devant Dieu, M. Bonjean
n'hésita pas, il s'adressa au R. P. Clair, Jésuite, un des
Pères de la maison des hautes études de la rue des Postes.

M. le Président se prépara à cette action chrétienne avec
beaucoup de soin et de piété, et il trouva dans l'absolution
de ses fautes une nouvelle vigueur qui lui a permis d'af-
fronter la mort violente avec tant de courage et de dignité (1).

Heureux d'avoir retrouvé la paix de l'âme et cette espé-

---

(1) J'allai saluer M. Bonjean, qui était fort souffrant ce jour-là.
Il passa toute sa récréation, assis sur le bord de l'une des guérites
du premier préau. L'ancien président avait une hernie; son bandage
était rompu, il avait de la peine à marcher. Depuis son arrivée à la
Roquette, il avait à peine pris quelque nourriture. Je conversai avec
lui pendant plus d'une demi-heure. Sa conversation était pleine d'intérêt; son calme et sa résignation admirables. C'était la dernière
fois qu'il paraissait en ce lieu. Il ne semblait nullement s'en douter.
Au moment où le surveillant nous fit signe que l'heure de la récréation était terminée, j'entendais la plupart de mes collègues manifes-
ter la joie, la consolation que leur procurait cette entrevue. *Frater
adjutus a fratre quasi turris firmissima*. C'est sous cette double impression que chacun regagna sa cellule.

M. Bonjean avait beaucoup souffert dans cette prison. Néanmoins,
il était très-calme; sa conversation était encore enjouée et spirituelle.   (*M. l'abbé Perny.*)

Paris-Journal donne des détails précis sur l'assassinat de l'archevêque et de ses compagnons. Ils ont été fournis par M. Jacob,
bibliothécaire de la Roquette, témoin oculaire :

« Jusqu'au dernier moment, Monseigneur s'est entretenu avec
M. Bonjean, auquel il donnait le bras, aussi tranquillement que si
l'un et l'autre avaient été mis en liberté. Ils ne se sont pas quittés.

« Ils ont écouté sans colère, sans indignation apparente les injures
de leurs bourreaux, qui hurlaient, les tutoyaient, leur criant :

« A mort! à mort! assassins! crapules! »

rance chrétienne qui console et dédommage de tous les mécomptes de la vie, M. Bonjean plein de reconnaissance envers Dieu et le bon prêtre qui lui avait prodigué ses soins répétait ces touchantes paroles :

« Oh ! si j'avais connu les Jésuites, moi qui les détestais et les ai souvent persécutés ! » Cet aveu et ce repentir lui seront comptés au tribunal de la miséricorde. Puisse ce témoignage servir aussi à éclairer et à convertir les trop nombreux ennemis de la religion qui survivent et qui ne haïssent que parce qu'ils ignorent !

M. Bonjean a pu laisser quelques objets et quelques souvenirs entre les mains de ses compagnons de captivité.

Voici quelques détails empruntés au *Journal de ma captivité*, de M. l'abbé Perny, qui confirment et complètent ce que nous avons dit de M. le président Bonjean :

« La nudité complète de nos cellules nous prêchait éloquemment le dépouillement de toute affection humaine. *Nudus nudam crucem sequar.* On l'a dit souvent et avec raison : « Pour bien prier, il faut être sur mer, surtout pendant une tempête. » J'en ai fait l'expérience, ayant traversé déjà quatre fois toutes les mers de l'Orient. Aujourd'hui je dis : « Pour bien prier, il faut être sur mer ou à la Roquette sous la Commune de Paris. » J'ai la conviction qu'aucun des otages échappé miraculeusement au massacre des barbares de la Commune, ne contredira mon assertion.

« Laisssez-moi vous dire à la louange de la bonté divine, que la foi chrétienne, endormie dans le cœur de quelques otages laïques s'est merveilleusement réveillée en face du suprême danger. Plusieurs ont sollicité eux-mêmes avec un empressement édifiant la faveur « de se réconcilier avec Dieu et avec leur conscience. »

« Les autres ont accepté avec le même bonheur la pro-

mière offre qui leur fut adressée par quelques-uns d'entre
nous des secours de notre ministère. Vous connaissez le ta-
lent et l'érudition de M. Bonjean, ancien sénateur, premier
président à la Cour de cassation ; vous savez l'éclat qu'il a
jeté dans la magistrature ; personne n'ignore ses qualités
sociales, etc. Les catholiques de France n'ont pas oublié non
plus que M. Bonjean à la tribune du Sénat, défendait avec
esprit les vieilles traditions gallicanes, dont il était devenu
peut-être la personnification la plus complète de notre temps.
Imbu de ces anciens préjugés parlementaires, vous vous
souvenez des attaques de M. Bonjean contre certains ordres
religieux, notamment contre la Compagnie de Jésus. Eh
bien ! admirez le soin merveilleux de la Providence ! A cette
heure, M. Bonjean se trouve en présence de quelques membres distingués de cette Compagnie qui a la gloire d'être
constamment persécutée, parce qu'intimement unie à l'E-
glise de Dieu et au vicaire de Jésus-Christ elle combat sans
cesse les erreurs de l'époque. Le jour où les attaques publiques et privées contre la Compagnie de Jésus cesseront, la
Compagnie aura cessé elle-même d'être animée de l'esprit de
son illustre fondateur. M. Bonjean voit de près ces membres
de la Société de Jésus, persécutés comme lui. Avec ce tact
et ce rare discernement qui le distingue, il a le bonheur de
les apprécier aussitôt. Le moment suprême de la vie approchait. M. Bonjean veut être prêt à paraître devant Dieu. Il
a le choix entre quarante et cinquante prêtres qui l'entou-
rent. C'est un Père de la Compagnie de Jésus qui devient
le dépositaire des secrets de sa conscience et le médiateur
entre lui et le ciel. Cet acte simple et touchant nous semble
la plus belle réaction des anciens discours de M. Bonjean
contre les ordres religieux. Si nous publions avec bonheur
ce fait consolant et honorable pour la mémoire de l'ancien
président, c'est qu'il glorifie grandement sa conduite en

cette délicate circonstance. Cette nouvelle doit être pour sa famille la plus douce et la plus précieuse consolation qui puisse lui être adressée. Recevoir les honneurs d'une brillante sépulture, être honoré de discours mondains au moment où notre enveloppe mortelle est descendue en terre, être proclamé bien méritant de la patrie, etc., que sont tous ces vains honneurs, si, au sortir de cette vie, notre âme immortelle n'a pu soutenir les rigueurs de la justice divine? La consolation de la famille de M. Bonjean sera toujours de savoir que ce magistrat distingué s'est préparé sérieusement à paraître devant Dieu.

« La joie chrétienne de cette famille sera sans doute au comble, en apprenant que par une grâce toute spéciale, M. Bonjean a eu le bonheur de communier en viatique le jour même de sa mort.

« Un autre prisonnier de la Commune, qui demeurait en face de ma cellule, après avoir mis ordre à sa conscience, en éprouvait une si grande jouissance qu'il n'eut rien de plus pressé, à la première rencontre, que de venir m'embrasser, en m'inondant de ses larmes de joie. Sa réconciliation avec Dieu, me disait-il, lui ôtait toute crainte de la mort. Il me chargea alors, si je venais à lui survivre, de rendre visite à sa famille, de lui faire part des sentiments sincèrement chrétiens qui l'animaient alors. Sous l'impression de la grâce il écrivit une touchante lettre d'adieu à son excellente femme et à ses chers enfants. Il voulut m'en donner connaissance. Que sera devenu ce testament? Je l'ignore. »

III

Victimes des 25 et 26 mai.

Le jeudi 25 mai, il n'y eut qu'une seule exécution parmi les prisonniers de la quatrième division, ce fut le banquier du Mexique, M. Jecker. « Il est probable, dit M. Perny, qu'on l'invita tout simplement à se rendre au greffe, sans autre explication ; le banquier n'a plus reparu. Il a été certainement exécuté ; mais je ne sais aucun détail ni sur le lieu ni sur ses derniers moments. Hier mercredi, durant la récréation, j'avais causé une dizaine de minutes avec M. Jecker. C'est en allant à l'ex-préfecture de police demander un passeport qu'il avait été arrêté. Ce banquier était singulièrement gêné au milieu de nous ; il m'a paru fort peu communicatif. »

A ce propos la *Cloche* fait ces révélations :

« Jecker savait tous les secrets de l'affaire du Mexique, quels personnages avaient agi, pour la décider, et de quel prix avait été payé le concours de chacun d'eux. La Commune n'ignorait pas qu'il se préparait à publier des révélations compromettantes pour la bande bonapartiste.

« En le faisant disparaître, la Commune rendait à son complice de Sedan un service de même nature qu'en mettant le feu à tous les édifices où se trouvaient des documents accusateurs pour le régime impérial. La liquidation financière de l'empire est devenue maintenant à peu près impossible, toutes les pièces de comptabilité ayant péri, ainsi que la correspondance originale de Napoléon Ier et les papiers non encore publiés du troisième. »

Le vendredi 26, le bruit de la lutte qui se rapprochait du quartier de la Roquette et les nouvelles qui transpiraient du dehors avaient rendu un peu d'espérance aux prisonniers, qui tous, du reste, avaient fait résolûment le sacrifice de leur vie et s'étaient chrétiennement préparés à la mort, les laïques soutenus et encouragés par les ecclésiastiques. A cause du mauvais temps, la promenade avait eu lieu dans le corridor même des cellules et s'était prolongée l'après-midi bien au-delà de l'heure réglementaire.

« Vers cinq heures et demie environ, dit M. Perny, on vit tout à coup arriver un brigadier de la maison (homme vendu à la Commune et dont l'hypocrisie mérite d'être stigmatisée) ; il tenait une liste à la main et s'avança jusqu'au milieu du corridor où le manque de deux cellules du côté gauche laisse un plus grand espace vide. Ce misérable brigadier avait l'air souriant ! *Messieurs, faites attention; répondez à l'appel de vos noms. Il en faut quinze !!!* Cette parole sauvage, *il en faut quinze*, fit courir un frisson dans toute l'assemblée. Ce séide de la Commune commença son appel. Les nouvelles victimes répondent avec calme : *Présent.* On les range en cercle au fur et à mesure que leur nom est proclamé. Le brigadier ne put lire le nom du P. de Bengy, qui s'approche de lui et reconnaissant son nom répond, sans s'émouvoir : *Présent.* Il compta à deux reprises, les dix premières victimes. Puis il cria : *Il en faut encore cinq.* Cinq noms furent encore proclamés. L'un de ces otages, un Père de Picpus, demanda la permission de prendre son chapeau. « *Cela n'est pas nécessaire*, reprit le brigadier ; vous allez descendre au greffe. Suivez-moi. »

Voici les noms de ces nouvelles victimes :

Dix ecclésiastiques :

Le P. Ollivaint, supérieur des jésuites de la rue de Sèvres ;

Le P. Caubert, jésuite de la même maison ;

Le P. de Bengy, jésuite, aumônier de l'armée ;

M. Planchat, aumônier de l'Œuvre des patronages ;

Le P. Ladislas Radigue, prieur de la maison de Picpus ;

Le P. Marcelin Rouchouze, secrétaire général de Picpus ;

Le P. Polycarpe Tuffier, procureur général de Picpus ;

Le P. Frézal Tardieu, membre du conseil de Picpus ;

M. l'abbé Sabattier, vicaire de Notre-Dame de Lorette.

M. l'abbé Paul Seigneret, séminariste de Saint-Sulpice (1).

Cinq laïques, parmi lesquels :

M. Derest, ancien officier de paix.

---

(1) La simplicité évangélique, une candeur d'agneau semblaient le partage de ces quatre excellents Pères de Picpus, qui s'étaient fait aimer et admirer de tous.

J'ai eu des rapports peu intimes avec M. Sabattier, vicaire de Notre-Dame-de-Lorette. Je suis persuadé que ses amis doivent l'avoir en grande estime pour son aimable piété et sa modeste douceur. Mais cet *Ange de Saint-Sulpice!* Quelle candeur ! Que son âme devait être pure! Quelle modestie ! Il venait s'asseoir sur ma couche et me parler du martyre de nos néophytes chinois. Il osait à peine me dire, tant il était modeste, que son bonheur d'être *ici* était au comble. Ce bon séminariste ne devait, durant son sommeil, que rêver du martyre ! Félicitons la famille de M. Paul Seigneret, qui demeure dans notre Franche-Comté.

(*M. l'abbé Perny.*)

A ces otages, il faut ajouter « 35 à 40 gendarmes ou soldats de différentes armes, » qui se trouvaient, je crois, à la 2e division de la Roquette. J'avais vu plusieurs fois ces braves soldats, qui n'avaient jamais voulu servir la Commune.

Le R. P. Caubert, procureur de la province de la Compagnie de Jésus à Paris, avait quitté pour entrer en religion, la place de sous-chef au ministère de la justice.

« Le P. Caubert révélait une âme détachée de tout et intimement unie à Dieu, d'une modestie et d'une discrétion remarquables. Le P. de Bengy portait un grand cœur et faisait de grandes choses avec cette touchante simplicité que la foi seule sait faire accomplir et que la noblesse du sang sait revêtir d'un éclat incontestable, dit M. Perny. »

Une autre victime choisie comme un holocauste d'agréable odeur, c'est un jeune séminariste de Saint-Sulpice, âgé de vingt ans, nommé Seigneret, fils de l'inspecteur d'académie du Jura. Sa figure vraiment évangélique et son extrême jeunesse avaient ému tous ses compagnons de captivité. Son crime unique était d'avoir été demander à la préfecture de police le passeport nécessaire pour retourner dans sa famille; arrêté sur place par des fédérés, jeté à la Conciergerie, transféré de là à Mazas, puis à la Roquette, il a partagé le sort commun. C'était un agneau conduit à la boucherie.

Cette fois, c'était un chemin de croix que les victimes devaient suivre. Aux sons d'une musique infernale, et au milieu d'une populace ivre de fureur, qui les insultait et les menaçait, les malheureux otages furent dirigés sur Belleville. On peut suivre sur un plan de Paris ce nouveau *via crucis*.

En laissant la Roquette à gauche, on remonte le boulevard des Amandiers; on entre à droite dans la rue de Paris, que l'on suit jusqu'à la rue Haxo; tout au bout de cette rue est un ancien cimetière, devenu un mauvais jardin de ces quartiers infâmes : c'est là que le sang pur des holocaustes de la Babylone moderne va couler au milieu d'une cohue immonde de femmes et d'enfants accourus pour jouir du spectacle, témoins dont la perversité, au dire de quelques habitants de Belleville, étonne les bourreaux eux-mêmes.

Vers huit heures et demie, la fusillade commença sur les prêtres d'abord.

« Tout ce que l'on sait, dit M. Perny, c'est que la scène a dû être horrible à voir. Les victimes ont dû être assassinées en masse, à coups de révolvers, par les scélérats qui se trouvaient dans ce lieu. Un très-petit nombre de coups de chassepots auraient été entendus. Le bruit des détonations était sourd, mêlé sans doute aux cris tumultueux, aux imprécations des bourreaux et aux accents de douleur des victimes.

« Un homme en blouse et en chapeau gris serait sorti le premier de l'enclos, après cette scène horrible. La foule l'aurait accueilli avec des transports frénétiques de joie. Les jeunes femmes se montraient les plus ardentes.

« Les corps des cinquante victimes furent jetés dans la cave, les prêtres d'abord, puis les gardes de Paris et les autres soldats de différentes armes.

« C'est de là qu'avec beaucoup de peine, le R. P. Escalle, secondé par quelques officiers dont le dévouement a été admirable, a pu retirer les uns après les autres les corps de chacune de ces victimes. Malgré l'état avancé de putréfaction, on a pu aisément reconnaître chacun des prêtres.

« Quelques pauvres femmes des gardes de Paris, arrivées dans la soirée, reconnurent leurs maris.

« Le plus reconnaissable de ces corps était celui du jeune

abbé Paul Seigneret, séminariste de Saint-Sulpice. Son visage avait conservé cet air de douce modestie, de sérénité, de candeur, qu'on y voyait briller de son vivant. On eût dit que cet *ange de piété* était simplement endormi.

On croit, d'après la position des corps, que le P. Caubert dut être le premier frappé, puis le P. Ollivaint, le P. de Bengy et le séminariste. Quand la fosse fut recouverte, ces monstres reprirent leurs instruments de musique et exécutèrent avec les spectateurs une danse sauvage, qui se prolongea bien avant dans la nuit du vendredi au samedi.

Nous entrerons dans quelques détails touchant le P. Ollivaint et l'abbé Seigneret.

Le R. P. Ollivaint.

Le R. P. Ollivaint, qui vient de tomber sous les coups des assassins de la Commune, avait appartenu à l'Université. Presque à sa sortie de l'École normale, dit le *Courrier de l'Isère*, il fut envoyé à Grenoble, où il fut chargé de la chaire d'histoire au collége royal ; il ne l'occupa que pendant l'année classique 1839-1840. A des connaissances profondes et variées, il unissait les qualités les plus précieuses du cœur ; aussi a-t-il laissé les meilleurs souvenirs parmi ses élèves. Pendant son séjour à Grenoble, il groupa autour de lui quelques personnes, et, de concert avec le vénérable M. Gérin, curé de Notre-Dame, fonda la Société de Saint-Vincent-de-Paul.

« Je l'ai connu en ce temps-là, dit M. L. Veuillot, dans une petite société de jeunes gens qui s'était formée autour du vénérable M. Edouard Dumont, et dont faisait aussi partie Pierre Hernscheim, juif converti. Celui-ci, peu de temps après, est mort prêtre et frère-prêcheur, laissant une mémoire bénie. »

Après avoir quitté la carrière universitaire, il entreprit,

à Paris, l'éducation des deux fils de M. de Larochefoucauld-Liancourt. C'est alors, qu'ayant assuré par son travail l'existence d'une mère, dont il était l'unique soutien, il prit l'habit religieux et entra dans la Compagnie de Jésus.

Voici des détails donnés à ce sujet par M. L. Veuillot :

« Le 1er mai 1845, je rencontrai Ollivaint. C'était quelques jours après le vote rendu par la Chambre des députés contre les jésuites, sur les interpellations de M. Thiers, qui, d'accord avec la gauche et pour tuer le temps, s'était amusé à provoquer la persécution. Ollivaint avait l'air fort joyeux. Je lui demandai où il allait d'un pas si allègre. « Aux jésuites, me dit-il. J'hésitais, je n'hésite plus. « M. Thiers m'a indiqué mon chemin. C'est par là que la « persécution se dirige, c'est là qu'il faut aller. J'entre au-« jourd'hui. » Maintenant il est arrivé.

« Un quart d'heure avant son arrestation, il se promenait dans le cloître de la rue de Sèvres, disant son bréviaire. Un ami vint le prévenir de la prochaine visite des socialistes. Il répondit avec sa sérénité et son sourire ordinaire : Je « les attends. »

« Ils sont venus, ils l'ont emmené, ils lui ont donné la mort, et quelle mort ! Mais assurément, ils n'ont pas un moment réussi à troubler son âme, et tout son cœur leur a pardonné. »

« Le R. P. Ollivaint, qui conserva une douceur et une fermeté d'âme admirables, faisait entendre, avec la vivacité de sa foi, qu'il s'efforçait de ne rien perdre du trésor de la souffrance. Le sourire habituel de sa physionomie rendit constamment la joie surnaturelle dont son cœur était plein. La mort même ne put effacer ce témoignage que la sainteté place ordinairement sur le visage des élus. Dès les premiers jours de sa captivité, l'héroïque Père avait commencé les exercices spirituels de trente jours connus sous le nom de *grands exercices.* Cette retraite entreprise en un pareil moment, sous le coup d'une menace continuelle de mort, et poursuivie avec une complète liberté d'esprit et avec cette indomptable énergie d'une âme qui ne trouve dans le voisinage de la mort qu'un motif plus pressant de se rapprocher de son Dieu, n'était-elle pas le prélude de la grâce du martyre?

« Nous sommes au lundi 29 mai. Le provincial des Jésuites, le R. P. de Pontlevoy, arrive dans l'après-midi. On n'a pas encore retrouvé les corps des victimes de l'appel du vendredi. Les PP. Ollivaint, Caubert, de Bengy sont enfouis pêle-mêle avec cinquante cadavres, tous horriblement défigurés. On hésite, et plusieurs Pères sont appelés pour donner des renseignements d'identité. Ils sont là toute une journée, en plein Belleville, sur le bord de la rue Haxo, au milieu de ce nouvel *Haceldama*, avec une foule d'amis dévoués et de braves militaires qui aident courageusement à ces précieuses découvertes.

« Enfin le P. Ollivaint est reconnu à sa médaille de première communion et à son carnet, sur lequel il avait encore tracé quelques lignes au moment d'aller à la mort. Son crâne brisé, ses traits aplatis ne laissaient voir que sa bouche toujours souriante. Il est, au reste, couvert de balles. Est-ce avant ou après la mort que ces mutilations féroces et sans exemple dans les fastes révolutionnaires ont été exercées sur les corps des victimes? On l'ignore. Tous ont des balles dans le cœur et dans la poitrine, ce qui fait espérer qu'ils n'ont pas longtemps souffert sur la terre, et qu'ils ont été promptement recevoir au ciel le prix de leur sacrifice.

M. l'abbé Sabattier.

Tous les rangs de la hiérarchie ecclésiastique sont représentés dans les victimes de la Commune. Depuis l'archevêque

de Paris et son grand vicaire jusqu'à l'humble séminariste.
M. l'abbé Sabattier a été choisi entre tous les vicaires de
Paris pour confesser Jésus-Christ au prix de tout son sang.

Voici d'après les journaux religieux des détails sur ce
saint prêtre.

« Né en 1820 à Varagnes, commune de Chastel (Cantal)
d'une famille nombreuse et solidement chrétienne, l'enfant
qui devait un jour illustrer par sa mort glorieuse la paroisse
de Notre-Dame de Lorette entendit de bonne heure l'appel
de la grâce et sut y correspondre. Etre prêtre, c'était son
rêve, son unique ambition ; sa bonne mère en bénissait Dieu
au fond de son âme, mais lui objectait la difficulté de subvenir aux frais de son instruction : « Eh bien, alors je serai
frère, répondait l'enfant. Je veux à tout prix être consacré
au bon Dieu. » Sur ces entrefaites, un saint prêtre, son parent, vint visiter sa famille. « Jean-Marie veut absolument
être prêtre ou frère, lui dit-on ; que faire ? — Qu'il patiente
et qu'il prie, peut-être la Providence daignera-t-elle me
faire son instrument, » répondit aussitôt le digne ecclésiastique. En effet, Dieu, qui s'était réservé ce cœur pur et fervent, procura à son généreux parent les moyens de le recueillir à Paris dans une modeste chambre, avec un jeune
compatriote actuellement curé dans le diocèse. C'est ainsi
qu'à l'âge de dix-neuf ans il put commencer ses études sous
la direction de l'abbé Deshoulières. La vivacité de son intelligence, la lucidité de son esprit, et surtout son vif désir
de profiter des soins généreux dont il était l'objet, firent
qu'en deux ans il eut terminé ses humanités. Il tenta d'entrer en philosophie à Issy ; mais les cours se trouvant encore au-dessus de lui, il eut recours à la bienveillance de
Mgr Gignoux, évêque de Beauvais, qui lui ouvrit son petit
séminaire pour s'y fortifier durant une année.

En 1842, l'abbé Sabattier prit la soutane au grand séminaire de Beauvais ; il s'y concilia l'estime et l'affection de tous les directeurs, et fut bientôt considéré comme l'un des sujets les plus brillants et les plus vertueux. En 1847, il était ordonné prêtre par Mgr Gignoux, qui voulait le garder dans son diocèse ; mais Mgr Affre tint à conserver pour Paris ce saint et digne prêtre, et, réclamé par l'archevêque martyr, celui qui devait marcher sur ses traces fut nommé par lui vicaire à Choisy-le-Roi.

Huit ans plus tard, il entra dans la paroisse de Notre-Dame de Lorette, où devait s'écouler cette carrière ecclésiastique qu'un seul mot peut résumer : *Pertransiit benefaciendo*. Sa vie sacerdotale fut toujours simple, réglée et austère ; quoique continuellement souffrant, rien ne put jamais le décider à s'arrêter un seul jour, durant les seize années de son vicariat ; rendu à l'église chaque matin dès sept heures, il s'y préparait à l'oblation de l'auguste sacrifice par une heure de fervente méditation. Modèle du saint prêtre, l'abbé Sabattier était aussi le père des jeunes enfants ; il affectionnait particulièrement les petits garçons, et aimait à les réunir chaque soir chez lui, après les fatigues du ministère ; là il leur prodiguait les bons conseils, les instruisait, leur prêtait de bons livres, et se dévouait de toute l'ardeur de son zèle à cette grande œuvre devenue l'âme de sa vie : l'éducation de la jeunesse.

Tout ce que son active charité lui laissait de temps était consacré par lui au soin sublime, mais caché, des misères spirituelles ; pour pénétrer tout ce qu'il fit de bien dans le secret du saint tribunal, il faudrait en obtenir la révélation des âmes sans nombre qui le pleurent amèrement, et qui furent, durant de longues années, l'objet de sa paternelle direction.

Mais la victime était suffisamment préparée pour le sacrifice ; l'heure de la persécution sonna, heure terrible où les prêtres de Jésus-Christ se virent traqués par des misérables avides de frapper en eux Dieu, son Eglise et sa religion. L'habit ecclésiastique était proscrit ; malgré le danger auquel il s'exposait, l'abbé Sabattier ne consentit jamais à se dépouiller des insignes du sacerdoce. A ceux qui le pressaient de se cacher, de rester à l'église le moins longtemps possible, il répondait : « Ici, c'est le bon Dieu qui me garde ; « et puis les âmes, faut-il les laisser sans pasteur? Ne faut-« il pas les consoler et les fortifier par notre parole et par « notre présence ? Après tout, que peut-on me faire ? La po-« pulation me connaît depuis seize ans : je n'ai jamais fait « de mal à personne. » Hélas ! il oubliait que c'était la vertu et non le crime que l'on poursuivait, et qu'il suffisait d'être prêtre de Jésus-Christ pour être jugé digne de la prison ou de la mort.

Cependant un triste pressentiment le possédait ; le jour de Pâques, il disait à une pieuse et bonne famille qu'il aimait et dont il était tendrement aimé : « Adieu ; c'est peut-être « la dernière fois qu'il m'est donné d'être au milieu de vous. » Le matin même de son arrestation, il disait à un de ses confrères demeurés avec lui : « Et vous, vous ne me quitterez « pas, n'est-ce pas? » Et sur sa promesse de rester fidèle à ses côtés, il ajoutait en lui serrant affectueusement la main : « C'est bien, nous resterons ensemble, nous serons les té-« moins de Jésus-Christ, et si nous mourons, nous serons « des martyrs. » Hélas ! cette gloire n'était destinée qu'à lui !

Le 11 avril, mardi de Pâques, un bataillon descendu de Montmartre envahit l'église de Notre-Dame de Lorette.

L'abbé Sabattier s'y trouvait seul ; il eût pu se sauver, il ne le voulut pas.

Victime généreuse, il se dévouait avec bonheur dans l'espoir de sauver ses confrères par son sacrifice et de conserver à la paroisse le vénérable pasteur que poursuivait avec une rage toute spéciale la haine de ces furieux. Il les aborde d'un air doux et souriant. « Qui cherchez-vous ? leur dit-il, comme autrefois le Maître au Jardin des Olives : *Quem quæritis ?* — Les curés ! hurlent les envahisseurs. — Eh bien, me voici ! » et il se livre à eux.

Alors se passa une scène touchante : on l'emmenait avec violence ; mais les enfants qu'il aimait tant et que la curiosité avait attirés, se précipitent vers lui, s'accrochent à sa soutane et cherchent à l'arracher aux méchants qui se rient de leurs faibles efforts et les repoussent brutalement, tandis que la douce victime leur sourit, les bénit et les rassure. « Que me voulez-vous ? disait-il aux brigands qui le maltraitaient. Je suis connu ici de tout le monde. Si je suis coupable, fusillez-moi là dans cette église. » Cependant, malgré les larmes de tous, ces malheureux l'entraînent à Montmartre et le force à marcher toute la nuit à travers les carrières, au milieu des coups de crosse, des outrages et des blasphèmes.

Trois jours seulement après son arrestation, on apprit qu'il était enfermé à Mazas.

Nous passons sous silence son horrible captivité de deux mois, dont les souffrances lui furent communes avec un si grand nombre de prêtres. Toutes les démarches faites pour sa délivrance demeurèrent inutiles ; Dieu voulait son sang innocent pour laver les profanations dont le temple témoin de son zèle devait être souillé. Le 24 mai, les infortunés prisonniers eurent la douleur d'entendre frapper à leurs côtés leur premier pasteur avec cinq autres nobles victimes ; aussi, à partir de ce moment, tous leurs instants ne furent plus consacrés qu'à se préparer à la mort. Le 26, un nouvel appel retentit dans la lugubre enceinte ; le nom de l'abbé Sabattier fut prononcé au milieu de ceux des pieux et saints Pères

Jésuites. « On vous demande au greffe, leur est-il dit ; hâtez-
« vous, vous allez remonter. » Les prisonniers descendent
nu-tête et sans chaussures. Dans cet état, on les entraîne à
travers les rues de Belleville jusqu'au huitième secteur, rue
Haxo, 87, où devait s'accomplir le massacre.

Alors se renouvelèrent pour l'abbé Sabattier et ses compagnons les scènes douloureuses de la Passion du Sauveur.
Son visage doux et calme fut couvert de crachats, défiguré
par les coups, couverts d'infamies et d'opprobres ; il n'en
tomba pas moins avec le sourire du pardon sur les lèvres,
lorsqu'éclata le feu de peloton qui devait consommer le sacrifice.

Ainsi mourut martyr de son devoir, à l'âge de cinquante-
un ans, ce confrère bien-aimé, vraiment digne du titre de
saint prêtre ; les barbares ne l'épargnèrent même pas après
sa mort ; qu'il nous suffise de reproduire ici cet article de
journal (*Figaro*, 3 et 4 juin) :

« Le 3 juin, le docteur Levrat, appelé à constater le nombre et la nature des blessures reçues par l'abbé Sabattier, n'a
pas compté moins de huit trous de balle. La mâchoire infé-
rieure est brisée par trois coups de feu ; une balle a pénétré
par l'œil gauche, elle est ressortie en brisant le crâne et pro-
jetant la cervelle. Deux coups de feu ont traversé la poitrine,
et on voit deux trous de balle au milieu du ventre. Mais,
hélas ! les misérables qui l'ont frappé ne se sont pas contentés de ce simple assassinat ; en retirant la victime de la
bière pour la transférer dans son cercueil de plomb, on a
constaté que les meurtriers s'étaient livrés sur le malheureux prêtre qui avait cessé de vivre à des violences inouïes.
Ils l'ont frappé de la crosse des fusils et à coups de talon, et
lui ont brisé les membres l'un après l'autre ; il leur semblait
que le mort n'avait pas assez souffert, et ils se vengeaient par
d'inutiles et horribles mutilations de sa courte agonie. »

M. l'abbé Seigneret (du séminaire de Saint-Sulpice).

Parmi les victimes de la Commune, il en est une que le monde n'a point connue, dont les journaux savaient et ont dit peu de chose, mais que Dieu avait enrichie d'une âme où resplendissaient les vertus qui font les saints. Chose étrange! Comme si l'instinct populaire devinait l'éclat divin de ces vies ignorées, de toutes parts il nous est fait des instances pour donner des détails sur ce jeune lévite massacré au seuil du sanctuaire, où il semble n'être apparu un instant qu'afin d'y répandre le sang généreux qui a fondé et qui soutient l'Église de Jésus-Christ.

Il nous était malheureusement impossible de satisfaire cette pieuse curiosité. Les maîtres seuls de M. Seigneret, ses amis, pourraient nous dire, eux qui l'ont connu, ce qu'on voulait apprendre de nous. Ils le feront un jour, et l'on saura alors ce qu'était cette âme si merveilleusement marquée de Dieu pour le martyre. En attendant, on veut bien nous communiquer quelques souvenirs recueillis par la main d'un ami. Nous publions ces pages telles qu'elles nous sont venues, dans leur simplicité charmante et leur délicieuse fraîcheur. A les lire, on goûtera le même plaisir dont nous avons joui en découvrant, pour ainsi dire, une partie de ce cœur pur que n'effleura point le monde, et qui sera un jour, nous l'espérons, entièrement dévoilé.

« Ce fut dans les derniers jours de juin 1868 que je vis pour la première fois M. Paul Seigneret dans nos vieux et chers murs d'Issy. Il arrivait au séminaire au moment où nous allions tous le quitter pour trois mois. Nous le retrouvâmes à la rentrée d'octobre, et c'est alors que je commençai à vivre avec lui.

Son extérieur frêle et chétif me trompa d'abord, et grand

fut mon étonnement lorsqu'un de nos maîtres me dit que
ces dehors languissants voilaient une intelligence d'élite. Je
savais bien que ce jeune homme avait passé dix-huit mois
au noviciat des bénédictins de Solesnes, j'en concluais que
ce devait être une belle âme, mais j'étais loin de soupçon-
ner en lui les trésors que Dieu me montra plus tard.

M. Seigneret se révéla au cours de philosophie que nous
suivions ensemble. Nous vîmes bientôt en lui une rare ouverture et élévation d'esprit : il étudiait avec passion et se
prenait d'amour pour les grandes questions métaphysiques,
tout ce qui avait un rayon de beauté, de quelque ordre que
ce fût, le séduisait, et rien ne me suprenait comme la vivacité et la puissance de ses enthousiasmes. C'est qu'il envi-
sageait toutes choses, les hommes, aussi bien que les idées,
par leurs côtés les plus élevés et ne pouvait s'arrêter qu'à
ce qu'il y trouvait de bien et de bon.

Il n'en fallait pas tant pour m'attirer vers M. Seigneret :
nos sympathies furent d'abord, pour ainsi parler, tout intel-
lectuelles ; mais peu à peu quelque chose de plus intime s'y
mêla.

Vers la fin de cette année d'études, il reçut la tonsure cléricale. Je n'eus point le bonheur de pénétrer alors dans
l'intime de son âme, mais ce que je vis et entendis me permet de dire qu'il fit avec toute la joie d'un généreux sacrifice ce premier pas dans le sanctuaire, le seul qu'il lui ait
été donné de faire. Plus tard, il me parlait comme d'un dé-
licieux souvenir, du cantique que nous chantions le soir,
« à la chute du jour, sous les arbres frémissants ».

> Vierge, reçois cette couronne,
> Fais qu'elle soit le gage heureux
> De celle qu'auprès de ton trône
> Tu nous réserves dans les cieux.

La première couronne que Marie lui réservait après celle de sa tonsure, c'était celle du martyre : il la devait recevoir deux ans après, dans ce même mois de mai, presque au même jour.

Les vacances approchaient. M. Seigneret dut rentrer dans sa famille quelques semaines avant nous. Sa santé, épuisée par son ardeur à l'étude et par le rigoureux carême qu'il avait obtenu de faire en dissimulant sa faiblesse, réclamait un repos immédiat.

Nous nous retrouvâmes avec bonheur au séminaire de Paris, et c'est là que notre liaison devint intime. Une communauté entière de goûts, d'aspirations, d'idées, s'établit entre nous. Une chose surtout contribua à nous unir : l'attrait pour l'étude de Notre-Seigneur Jésus-Christ dans les saintes Écritures, et spécialement dans les Évangiles.

M. Seigneret, qui a aimé tant de belles choses, n'a rien aimé, je crois, comme ces divins trésors déposés par le Saint-Esprit dans les livres inspirés. Il était vraiment, hors de lui quand il parlait de « ces saintes paroles qui traversent et illuminent l'âme comme des rayonnements de l'éternelle beauté et de l'infinie bonté. » Déjà à Issy il me racontait qu'un de ses grands bonheurs à Solesnes était une explication des Psaumes faite aux jeunes novices par le père abbé : « C'était, disait-il, une jubilation pérpétuelle. » Sous l'influence de la grâce de Dieu et de leçons précieuses, son intelligence et son amour de l'Écriture se développèrent grandement à Saint-Sulpice, et ce furent les saints Évangiles qui attirèrent tout d'abord son esprit et son cœur : c'est là, en effet, qu'il trouvait celui qu'il cherchait partout, Notre-Seigneur Jésus-Christ. Il entreprit sur ces livres un long travail de concordance, qu'il poursuivit avec ardeur et joie : heureuses et chères à son cœur étaient les heures qu'il passait ainsi à la suite du divin Maître, auditeur attenti de ses paroles, témoin attendri des œuvres de son amour. Un soir de printemps, nous passâmes ensemble une récréation délicieuse, pendant laquelle il me parla avec un cœur débordant d'enthousiasme, de ses chères études, de la connaissance du Verbe incarné qu'il y puisait, et de l'amour tendre et fort que cette connaissance engendrait en lui avec la grâce de Dieu. Nous formâmes des projets de travaux sur le Nouveau Testament, qu'il commença à réaliser durant l'hiver suivant. « Notre-Seigneur, m'écrivait-il le 30 décembre 1870, a convié nos âmes au même festin.... Je ne vous dirai pas les joies que je trouve dans ce travail ; je me fais souvent le reproche d'être désordonné dans mes occupations, en restant des quatre à cinq heures la tête plein s eed divines paroles.... Jésus-Christ, l'éternel consolateur, Jésus-Christ la joie du monde, Jésus-Christ le médecin des âmes, quelles belles choses nous avons vues là ! »

M. Seigneret n'était cependant point exclusif : avide de tout ce qui pouvait offrir à son âme un aliment digne d'elle, il se livrait à toutes les études du séminaire avec un élan et une ardeur inépuisables. Ses jours ainsi remplis se passaient heureux, dans l'amour de Dieu et de ses frères. Doux et bon envers tous, ne pensant et ne croyant jamais le mal, gardant toujours jusque dans les discussions les plus animées une modeste et aimable suavité, sachant gré du plus petit service, et exprimant sa reconnaissance avec une expansion touchante, il possédait les sympathies de tous. Toutefois la rare beauté de son âme n'était complétement connue que de quelques amis. Mais si vive qu'elle fut, l'affection qu'il leur portait ne le détournait jamais de Dieu. Aussi, comme il savait la relever par de saintes et nobles pensées ! « Dieu, disait-il, est si bon de nous avoir faits aimants et aimants de telle sorte qu'à travers nos affections monte de plus en plus sa divine charité. Oui, l'amitié est une belle chose, quand, dans les douceurs qu'on y trouve, on bénit la main de Dieu qui rapproche les âmes, et dans l'estime qu'on a de son ami, on adore la beauté! »

Ses amitiés du séminaire ne diminuaient en rien non plus la vivacité de ses affections de famille qu'il appelait « le plus doux bonheur que Dieu nous ait réservé sur la terre. »

Je me rappelle avec quelle tendre vénération il me parlai de son père : il lui écrivait fidèlement toutes les semaines et c'était pour lui une vraie joie. Un jour, après une soirée passée avec un de ses frères hors du séminaire, il disait : « Il y en a qui trouvent que voir sa famille fait du mal, dissipe ; pour moi, cela me fait du bien et me rend meilleur. »

La tristesse de cet admirable cœur était bien sincère ; il ressentait avec toute la vivacité et la sensibilité de son âme les douleurs de la patrie, et pour la cause de la France comme pour celle de Dieu, il brûlait de se dévouer. Faible et malade, il fit des tentatives réitérées pour s'engager dans les ambulances et même dans l'armée, et « il ne se consolait de son triste rôle de spectateur des ruines de la patrie qu'en pensant que son tour de dévouement viendrait, tout aussi méritant que le facile devoir d'offrir sa vie pour la France agonisante, quand il devrait, dans la mesure de ses forces, aider à former une génération à l'âme élevée et au cœur droit. »

Un moment, il crut que Dieu avait exaucé ses ardents désirs, mais il fut déçu dans son attente. « Aujourd'hui, m'écrivait-il sous l'impression de ce qu'il appelait un coup de théâtre, quinze mille hommes devaient se battre à deux lieues d'ici : hier, je m'étais engagé pour enlever les blessés ; déjà, je goûtais toutes les joies et les émotions diverses que vous comprenez bien dans ce qui me semblait ma première veillée d'armes ; je vous adressais même des pensées

de reconnaissance et d'affection qui pouvaient être les dernières ; mais il était dit que toutes mes tentatives pour profiter des événements ne devaient pas aboutir ; à huit heures
du soir nous arrive, comme le glas de notre pauvre France,
cette funèbre nouvelle de l'armistice, signe de l'épuisement
de ses forces et prélude d'une paix ruineuse !... Dieu
veuille nous donner, d'une manière ou d'une autre, d'exposer nos vies à son service !... J'ai cru avoir touché le moment : il m'a échappé. Dieu sans doute l'a voulu. Mais la
soirée d'hier restera dans mes souvenirs, au milieu des
tristesses que me donnait ce futur égorgement d'hommes,
comme une des heures où j'ai été le plus profondément
heureux. »

Ne pouvant aller recueillir sur les champs de bataille les
blessés de la France, M. Seigneret se dédommageait en les
visitant dans les ambulances de sa ville. Il devait bien les
consoler, car il les aimait avec une touchante tendresse.
« J'ai été heureux, disait-il, de voir combien ces bons jeunes
gens, sous des dehors quelquefois grossiers, conservent souvent des sentiments honnêtes et chrétiens. Oh ! comme on leur
donne des poignées de mains par lesquelles passe tout le
cœur ! Je me suis créé là des amitiés qui sans doute n'auront
pas de suite, mais dont, j'espère, on se souviendra dans le
commerce secret des cœurs ! J'ai vu mourir des blessés qui
m'ont arraché les larmes des yeux et dont je me souvien-
drai toujours pour ambitionner leur sort. De chers jeunes
gens ayant à peine une moustache naissante, qui expiraient,
la paix, l'amour, le contentement et la reconnaissance dans
l'âme ! Comme on voudrait donner mille fois son existence
pour conserver à ces chers malades une vie dont ils sont si
dignes !

Vint enfin le jour où les portes de Paris ouvertes à l'ennemi se rouvrirent aussi pour nous, et où nos supérieurs

nous rappelèrent, après neuf mois, dans notre chère maison de Saint-Sulpice. Le futur martyr y accourut ; avec quelle joie nous nous revîmes ! Hélas ! ce n'était que pour trois semaines. Durant ces jours si courts, mais si précieux, je retrouvai en ce cher ami le même cœur, la même affection fraternelle augmentée encore et fortifiée ; le même élan enthousiaste pour les saintes études et les grandes pensées. Il paraissait s'inquiéter moins que personne de la Révolution au milieu de laquelle nous vivions et dont il devait être la victime : il était tout entier à Dieu, à ses livres, à ses amis, à l'avenir, aux désirs des ordinations surtout. Il me parlait beaucoup du sous-diaconat, souhaitant de voir bientôt ce jour des engagements irrévocables et de l'immolation totale : « Ce serait si bon d'emporter son bréviaire en vacances ! »

Et à ce propos, il se rappelait ses joies de Solesmes, lorsqu'il chanta les *Laudes* avec les moines, tandis que l'aurore se levait et que les premiers rayons du soleil illuminaient l'église abbatiale.... C'était vraiment un ange fait pour contempler Dieu et le chanter dans l'amour. Il s'était égaré en venant sur la terre ; le ciel allait le réclamer,

Je le vis pour la dernière fois le jour où le péril croissant nous dispersa, au début de cette semaine sainte, où il se promettait de si bonnes consolations.

Je lui dis adieu dans la cellule de notre commun Père : il demandait de sa voix la plus douce : « Dois-je partir, je n'en sais rien. » Il était visible que la pensée de sa famille le sollicitait de s'éloigner, mais qu'un autre attrait le retenait.... Une occasion de courir quelque danger au service de Dieu avait tant de séductions pour lui !

A ces détails intimes sortis du cœur d'un ami, nous ajoutons les renseignements suivants sur la mort de ce jeune saint.

M. Paul Seigneret suivait le cours de théologie du séminaire de Saint-Sulpice de Paris, et se préparait dans cette maison à consacrer définitivement sa vie à Dieu et aux âmes. Dieu l'a appelé au ciel et lui a donné la consécration royale du martyre. Le dévouement, le sacrifice chrétien sous toutes ses formes, exerçait sur ce jeune homme un charme irrésistible, et s'il voulait être prêtre, c'est qu'il concevait le sacerdoce comme la plus haute expression du dévouement le plus entier et du sacrifice le plus utile aux âmes. Ses forces physiques répondaient mal à l'ardeur de ses délices : une maladie de cœur assez grave, inquiétante même pour son avenir sacerdotal, le préoccupait, parce qu'il y prévoyait un obstacle aux aspirations de son zèle.

Il écrivait un jour, sous l'empire de cette préoccupation, un mot qui traduit admirablement la disposition habituelle de son âme : « Si je ne puis vivre d'une manière utile, j'espère « bien au moins trouver le moyen de mourir utilement. »

Ce fut le jeudi saint, 5 avril, que M. Paul Seigneret fut arrêté à la Préfecture de police, avec six de ses condisciples (1). Dès le lendemain de cette incarcération arbitraire, jour du vendredi saint, il écrivait dans sa prison : « Quel bonheur d'être ici à pareil jour ! » La pensée de sa famille qu'il aimait si tendrement mêlait pourtant l'amertume à ce bonheur. Pendant huit jours environ, les sept prisonniers sans communications avec le dehors, demeurèrent du moins ensemble au dépôt de la Préfecture de police, et purent

(1) Voici les noms des sept séminaristes de Saint-Sulpice, arrêtés, le 11 avril, à la Préfecture, où ils allaient demander leurs passeports : MM. Deffau, diacre, du diocèse de Cahors ; Barbequot, sous-diacre, du diocèse de Lyon ; Dechelette, minoré, du diocèse de Lyon ; Guitton, minoré, du diocèse de Lyon ; Raynal, tonsuré, du diocèse de Rodez ; Gard, tonsuré, du diocèse de Viviers ; Seigneret, tonsuré, du diocèse de Saint-Claude.

s'entr'aider à porter le fardeau. Voici comment M. Seigneret parlait de cette première période de sa captivité : « Vous
« avez sans doute béni comme nous la Providence, de la pe-
« tite faveur qu'elle nous a ménagée.... Je vous laisse à pen-
« ser comme nous nous sommes aimés et soutenus pendant
« notre captivité commune à la Préfecture de police. » Puis
désignant un de ses condisciples auquel le liait une amitié
plus intime :

« Dieu sait, dit-il, toutes les joies que nous avons eues
« ensemble et tout le bien qu'il m'a fait. L'amitié fait tant
« aimer Dieu! Nous avons senti nos cœurs former les
« mêmes désirs et battre du même amour. Cela crée une
« fraternité que la vie est impuissante à satisfaire, et qui
« devra se perpétuer en Dieu. »

Bientôt à la vie commune succédait, pour nos jeunes prisonniers, l'isolement d'une cellule à Mazas. Mais il n'y a pas
de décret de la Commune, ni de grilles de prison ou de
murailles de cachot qui puissent empêcher une âme pure
d'avoir Dieu en elle, et avec Dieu la force, la paix et la joie.
Aussi tout cela régnait-il dans les cellules de Mazas, devenues pour un temps des cellules de séminaire. Nous voudrions pouvoir citer toutes les pages charmantes qui nous
sont venues de là. Ainsi après un mois de captivité un de
ces chers prisonniers écrivait : « Je suis bien tranquille et
« tout à fait entre les bras de la Providence, heureux de
« m'y trouver aussi véritablement et plus que je ne l'ai
« jamais été. Je prie, je lis ma Bible, je pense à tous ceux
« que j'aime, tout cela m'occupe assez le cœur et l'esprit
« pour que le temps ne me paraisse point long, et ma cel-
« lule point triste et dure. Au reste vous savez ce que dit
« l'Imitation : *Cella continuata dulcessit;* la cellule bien
« gardée devient plus douce. Or, nulle part mieux qu'en
« prison on ne remplit la condition... Cette grande fête de

« l'Ascension qu'il m'en coûtait un peu, en perspective, de
« passer dans le silence de la prison, a été au contraire un
« des jours les plus heureux et les plus consolés de ma
« captivité... Je me trouvais plus content que jamais d'être
« ici, entre les bras de la divine Providence, abandonné
« complétement à la sainte volonté de Dieu, et pouvant lui
« offrir quelque chose pour l'Eglise et le salut de la France...
« Depuis que je suis ici, le *Te Deum* a été de toutes les
« prières que je récite, celle qui répond le mieux aux sen-
« timents de mon âme. » Voilà ce qui se pensait et s'écrivait, pendant que le canon ne cessait de retentir et d'annoncer une crise imminente.

Nous savons que M. Seigneret a beaucoup écrit dans sa
prison ; malheureusement il n'a point été possible de tout
recueillir, et bien des choses seront restées le secret de
Dieu. Mais ces lettres ont été assez nombreuses, et elles
sont assez ravissantes.

« Nous sommes trop heureux, écrit-il de Mazas, le 2 mai,
« et notre seul regret est de n'avoir rien à souffrir.

« Mais enfin, dans cette vie d'intimité avec Notre-Sei-
« gneur, nous avons eu l'occasion de sentir que nous som-
« mes bien entièrement à Jésus-Christ et que lui seul nous
« suffit. Que le monde se ferme sur nous, et avec lui
« nous aurons toujours la souveraine joie! Qu'il nous
« enlève et nous serons encore trop heureux. Ainsi la vie
« entière se ramasse pour s'offrir dans une complète unité,
« à Celui auquel nous nous sentons unis, à la vie et à la
« mort, pour le temps et pour l'éternité, *ad commoriendum*
« *et ad convivendum.* Je me suis créé de délicieuses occu-
« pations avec mon *Novum* (son Nouveau-Testament), où
« j'ai poursuivi toutes sortes de point de vue... Ceux qui
« s'occupent de nous ne se figurent pas sans doute que nous
« sommes si heureux... Veuillez le dire à l'occasion, veuillez

« remercier Dieu pour nous de toutes les grâces qu'il nous
« a faites. »

Quel parfum ravissant de piété dans les lettres que ce fervent séminariste adressait de sa prison à M. l'abbé Sire, directeur de Saint-Sulpice!

« Vous pouvez être parfaitement tranquille sur notre compte; ici (à Mazas, 16 mai) les jours se succèdent pour nous comme de vrais jours de fête, sans langueur ni tristesse. Cet événement providentiel est destiné à répandre sur toute notre vie une sérénité sans tache. Nous en remercions Dieu du plus profond de notre cœur. L'avenir, de quelque façon qu'il nous arrive, se présente pour nous sous les apparences les plus heureuses.

« Je vis toute la journée plongé dans ma Bible, en présence de l'éternelle beauté qui, Dieu merci, m'a ravi pour jamais. . . . .
. . . .

« Adieu, mon cher monsieur Sire! Je chante le *Te Deum* tout le long du jour ; vous voyez que je ne suis pas à plaindre. Hélas! pendant que je vis si tranquille, il y en a des millions qui souffrent tant et de toute façon ! »

M. Paul Seigneret écrivait quelques jours plus tard au même directeur :

« Plus notre captivité se prolonge, plus nous sommes émus des témoignages sans nombre que nous y recevons; nous ne sortirons d'ici que le cœur plein du plus profond amour des hommes.

« Vous avez vu sans doute dans les journaux les discours furibonds prononcés à l'Hôtel-de-Ville, après le renversement de la colonne Vendôme. Nos pauvres familles doivent être épouvantées ! Ce sont elles qui sont à plaindre, et non pas nous! Pour nous, la Commune, sans qu'elle s'en doute, nous a fait tressaillir d'espérance avec ses menaces. Serait-il

donc possible qu'au début seulement de notre vie, Dieu
nous tînt quittes du reste, et que nous fussions jugés dignes
de lui rendre ce témoignage du sang, plus fécond que l'emploi de mille vies? Heureux le jour où nous verrons ces
choses, si jamais elles nous arrivent! Je n'y puis penser que
les larmes dans les yeux! »

Le 23 mai, deux jours avant sa mort, le même séminariste
écrivait encore ces lignes d'une étonnante sérénité : « Nous
sommes ici dans la prison des condamnés : j'en bénis Dieu
de toute mon âme. Tout me réussit à souhait; j'avais si souvent demandé que, s'il devait arriver malheur à quelqu'un,
ce fût à moi! Il me semble déjà voir l'accomplissement de
mon désir. Vous dire la fête où je suis serait chose difficile;
je récite le *Te Deum* du matin au soir! »

Cependant le danger croissait, et les menaces proférées
au dehors pénétraient, par les journaux et les correspon-
dances, jusqu'aux prisonniers de Mazas. La Commune avait
soif du sang des prêtres, et elle le disait. C'est sous l'impression de cette situation que notre saint jeune homme écrivit
ces belles paroles qui exprimaient si bien son idée domi-
nante : « J'espère bien ne sortir de Mazas que le dernier, et
s'il faut des victimes, être des premières. » Il voyait là sans
doute ce qu'il cherchait, « le moyen de mourir utilement. »

Le mercredi 24, Mgr l'archevêque de Paris, avec les prisonniers les plus notables, tombait sous les coups des vils
assassins, et mourait en bénissant ses bourreaux.

Le lendemain le sinistre appel retentissait de nouveau
dans la prison; le nom de Paul Seigneret se fit entendre.

Il eut dû, ce semble, être appelé le dernier, lui simple
séminariste, sans notoriété, et que ne chargeait assurément
aucun grief, même apparent. Mais Dieu lui donnait le *tour
de faveur* qu'il souhaitait. Le jeudi soir, les nouvelles vic-

times désignées quittaient la Roquette. Notre jeune ami dit doucement : « *Au revoir !* » à ceux qui restaient.

La pensée de l'inconsolable douleur de sa famille chérie, pensée si souvent présente à son âme et qui avait fait la grande épreuve de sa captivité, le saisit avec une force poignante à ce moment suprême : « Pauvre père ! dit-il, pauvre mère ! quel désespoir pour eux ! » Puis la vue du sacrifice qu'il allait accomplir ranima tout le courage de l'héroïque enfant.

« Heureux, ajouta-t-il, si je puis par ma mort sauver la vie d'un de mes semblables et inspirer des remords à mes bourreaux ! »

L'âme que la grâce possède sait accorder ensemble cette extrême tendresse d'affection pour les siens et l'austère bonheur de mourir pour une sainte cause.

Conduits d'abord à la mairie du 20ᵉ arrondissement, les prisonniers furent dirigés, dans la soirée du lendemain, sur Belleville, où eut lieu l'exécution.

Les détails nous manquent sur ce qui se passa pendant cette longue agonie de vingt-quatre heures et au dernier moment de ce douloureux drame. Dieu et les anges ont le secret des derniers battements de ce noble cœur.

Le lundi 29 mai, un prêtre du séminaire de Saint-Sulpice, et le compagnon de M. Seigneret à la Roquette, échappé à la mort, allèrent pieusement recueillir ses restes précieux. Son corps fut trouvé frappé d'une seule balle, au cœur. Le visage, que n'avaient point défiguré les projectiles, respirait le calme et la sérénité ; notre jeune martyr avait vu la mort en face sans aucun effroi.

Quand une âme si belle, si généreuse, si riche d'espérances quitte brusquement la terre pour remonter au ciel, il est impossible à ceux qui en jouissaient de n'en point sentir cruellement l'absence, et mieux que personne nous comprenons les larmes que la mort de M. Paul Seigneret fait répandre. Mais s'il est une mort dont les consolations de la foi chrétienne doivent adoucir l'amertume, en vérité, c'est celle-là.

Monsieur l'abbé Planchat (1).

Aux victimes dont nous avons parlé, il faut ajouter M. l'abbé Planchat, directeur d'un patronage de Saint-Vincent de Paul établi dans le faubourg Saint-Antoine.

Voici quelques lignes bien touchantes écrites par un ami de ce vénérable serviteur de Dieu !

« Comment ne pas donner aussi un souvenir à ce prêtre modeste, ignoré du monde, mais que les pauvres connaissent bien, et qui trouva le martyre sur les lieux mêmes où s'exerçait depuis de longues années son infatigable charité ? M. l'abbé Planchat ne se doutait guère, il y a quelques mois, que cette prison de la Roquette, devant laquelle il passait si souvent, serait sa dernière demeure et qu'il en sortirait un jour pour aller au ciel. Il fut arrêté, dès les premiers jours de la Commune, par des fédérés, venus pour saisir M. l'abbé de Broglie, et qui, ne le trouvant pas, se dédommagèrent sur lui.

Aumônier dans l'humble Institut des Frères de Saint-Vincent de Paul, il avait donné sa vie au patronage Sainte-Anne, en plein faubourg Saint-Antoine, et multipliait au sein de ce quartier populeux les prodiges de son dévouement vraiment apostolique. Rien ne lui coûtait pour convertir une âme ou soulager une infortune ; que de fois on le vit, par exemple, après une journée et parfois une nuit

(1) M. Planchat appartenait à l'institut des frères de Saint-Vincent de Paul, fondé par M. l'abbé Leprevost. La mission de cet institut est de se consacrer à l'œuvre du Patronage des Apprentis et des Jeunes Ouvriers.

de labeur, par une pluie battante ou un soleil de feu, faire à pied, pour épargner l'argent des pauvres, la grande heure qui le séparait de son couvent? D'autres jours il se faisait mendiant pour subvenir aux dépenses que sa charité ne sut jamais calculer, mais trouvait toujours le moyen de couvrir. D'autres fois, enfin, il se privait du plus strict nécessaire, et si l'on eût visité sa garde-robe, on se fût aperçu qu'il n'avait pas toujours une chemise à mettre sous sa bure. »

M. E. Beluze ajoute ces détails sur ce prêtre plein de zèle!

« Sa vie, hélas, si promptement tranchée, n'est qu'une longue suite d'actes de dévouement en faveur des ouvriers et des pauvres. Renonçant à tous les avantages que pouvaient lui offrir les dignités ecclésiastiques, il s'était fait depuis plus de quinze ans l'ami de ceux qui souffrent. C'était un vrai saint Vincent de Paul, occupé du matin au soir à visiter les familles indigentes, surtout celles qui étaient chargées d'enfants. On peut dire, en effet, que le dévouement à l'enfance était sa vertu de prédilection, remplissant les fonctions, absolument gratuites, d'aumônier d'une maison de patronage dans le quartier populaire de Charonne.

Il prodiguait ses soins spirituels et même temporels à plus de trois cent cinquante pauvres petits apprentis qu'il suivait partout de sa paternelle sollicitude, à l'atelier, dans leurs familles, à l'hôpital et au cimetière, quand il venait à perdre l'un de ses chers patronnés. Aussi, fallait-il voir, avec quel empressement chaque enfant l'abordait, accourant pour recevoir de lui une caresse, un bonjour, une poignée de main, une médaille ou une image et quelque fois (si la bourse du pauvre prêtre n'était pas absolument vide) une petite pièce blanche pour la mère malade ou pour le père sans travail (1). Eh bien! c'est cet ami des pauvres,

(1) Un esprit d'abnégation incomparable avait porté le bon abbé Planchat à se livrer volontairement otage pour l'un de ses confrères

des souffrants, des délaissés de ce monde que les indignes *communeux* ont eu l'infamie de tuer à coup de crosses et de baïonnettes. Oh! cela est horrible et la postérité ne voudra jamais croire à un pareil forfait !!

absents. Cette douceur et cette piété, qui brillaient sur sa figure, l'avaient, dès son enfance, fait surnommer par ses condisciples, le *Petit saint Vincent de Paul*. Sa vénérable mère le visitait à Mazas. « Elle exhortait, avec une véhémence incroyable, son fils au martyre et tremblait que cette couronne ne lui échappât. » Où sont les mères de cette trempe?

(*M. l'abbé Perny.*)

V

M. l'abbé Bécourt (1) et M. l'abbé Houillon.

Monsieur Bécourt. — Le mardi 27 mai au moment où les soldats de Versailles approchaient on engagea les prisonniers à sortir, plusieurs furent massacrés dans leur fuite, entre autres M. Bécourt et M. Houillon.

« On a bien voulu nous communiquer, dit M. Louis Veuillot, quelques feuillets trouvés à la Roquette dans la cellule de M. l'abbé Bécourt, curé de Bonne-Nouvelle. Ce sont ses dernières pensées et ses adieux. Les bourreaux, qu'il attend de minute en minute, ne paraissant pas, il se hâte d'ajouter un nom qui pourra toucher ou même servir quelqu'un. A ces souvenirs il mêle des recommandations brèves, quelques avis, des expressions de son amour pour Dieu. Ce sont les pulsations de l'agonie d'un juste doux et aimant, sévère à lui-même, plein de foi, craignant Dieu. Au moment de paraître devant le Juge éternel, il s'examine d'un regard inquiet, mais néanmoins confiant. Il va à la justice, mais aussi à la miséricorde.

« Nous nous permettrons de donner quelques extraits de ce testament soudain, écrit sous le couteau. Dans sa sim-

(1) Deux ou trois fois, à la Roquette, le bon curé de Bonne-Nouvelle, M. Bécourt, vint s'asseoir sur ma couchette; je fus bien édifié de sa foi vive et de sa soumission parfaite à la volonté divine. Il ne s'abusait pas sur la gravité de la situation.   (*M. l'abbé Perny.*)

plicité et son désordre, il vaut la plus haute méditation sur la mort, et on ne l'estimera pas moins comme peinture vivante d'une âme chrétienne et sacerdotale. Nous indiquons ce document à tant d'hommes qui, avec plus ou moins de science et de conscience, se font les adversaires, nous ne voulons pas dire les calomniateurs du clergé.

« *Prison des condamnés, à la Roquette.*

« Jeudi 22 mai, 45e jour de détention,
« quelques jours avant ma mort.

« Je remets mon âme à Dieu.

« Je me mets sous la protection de Marie et Joseph.

« J'envoie à ma bonne mère mes dernières respectueuses et affectueuses salutations.

« Un souvenir à mon cher père, mort en 1840.

« Adieu, chère mère, bonne sœur et bon frère.

« Adieu, Monseigneur d'Arras.

« Adieu à Dugny (où il avait été curé), aux pauvres comme aux riches. Croyez tous à mon amour en Notre-Seigneur Jésus-Christ. Adieu ! adieu !

« Je demande pardon à Dieu, à ma mère de mes manquements, à mes frère et sœur de mes duretés, à mes paroissiens de mes défauts, à mes pénitents que j'ai mal dirigés.

« Je demande pardon à tous ceux que j'ai offensés et scandalisés.

« Je pardonne à tout le monde sans le moindre mouvement d'animosité, à ceux qui, par imprudence, auront occasionné mon arrestation et ma mort.

« Au ciel, parents et amis, au ciel !

« Pardon, mon Dieu, pardon !

« Que ceux qui sont ennemis aujourd'hui, demain soient

d'accord, et que Paris devienne une ville de frères qui s'aiment en Dieu.

« Tout à Dieu, tout pour Dieu.

« Que Dieu soit aimé. Que mes paroissiens croient à la parole d'un mourant.

« Je prie que l'on me recommande partout aux prières. Priez pour le repos de l'âme du malheureux curé de Bonne-Nouvelle, si pécheur en sa vie.

« Je me prépare comme si j'allais monter à l'autel.

« Que l'on dise bien aux paroissiens et aux enfants que je meurs parce que j'ai voulu rester à mon devoir et sauver les âmes en ne quittant pas Paris.

« Que tout le monde prie pour moi.

« Dieu me recevra-t-il?

« Au *commencement de nos malheurs, au mois de septembre, je m'étais offert en état de victime pour Paris.* Dieu s'en est souvenu.

« Que *mon sang soit le dernier versé!*

« Monseigneur Daveluy, mon sous-diacre à ma première messe, a été martyrisé en Corée, en 1865.

« Je meurs dans la foi et l'union à la sainte Eglise.

« Que Dugny, que Puteaux, se convertissent!

« Je pardonne, je pardonne avec Jésus-Christ en croix.

. . . .

« Je meurs à cinquante-sept ans et... jours.

« Si j'en avais profité!

« Ce vendredi, 26 mai, 6 heures et demie du soir,

« Je meurs dans l'amour de mon Dieu, avec soumission à sa volonté sainte,

« Confiant dans Marie,

« Nonobstant mes péchés,

« Mes parents, mes amis, mes paroissiens, et même ceux

qui ne me connaissent pas personnellement, priez pour moi.

« Je prierai pour vous si Dieu me met dans son saint paradis.

« Depuis deux jours je fais mon sacrifice d'heure en heure.

« Heureux celui que la foi soutient dans ce terrible moment!

« Dieu veut toujours notre plus grand bien pour l'éternité.

« S'il avait voulu faire un miracle...

« Il ne l'a pas voulu.

« Tout à sa volonté.

« Un de mes confrères ayant une sainte hostie, j'ai reçu la communion en viatique. »

« Voilà, dit Louis Veuillot, un pauvre prêtre que l'on va tuer. Il n'a rien à attendre des hommes qu'une mort cruelle et immédiate. Il n'espère du monde aucun secours ; son humble mémoire n'a besoin d'aucune réparation. Désormais son unique affaire est avec Dieu. Il se confesse à Dieu. L'on ne peut imaginer des conditions de sincérité plus entières.

« Il a vécu cinquante-sept ans ; il a été curé ; il a gouverné en dernier lieu une grosse paroisse. Voyez de quoi il s'est mêlé dans le monde, ce qu'il a fait, ce qui l'inquiète au dernier moment, de quelle façon il reçoit cette cruelle et injuste mort. Il nomme tous ceux qu'il a connus pour les embrasser une dernière fois. Pas une parole, et visiblement pas un mouvement de son cœur, contre personne. Il tombe assassiné comme s'il mourait par accident, et ne songe à ceux qui le précipitent que pour leur pardonner. Vous avez le prêtre. »

M. l'abbé Houillon, missionnaire apostolique en Chine.

Voici comment M. Perny raconte l'arrestation et la mort de son vénéré confrère :

« Le mardi saint, 4 avril dernier, j'avais le dessein d'aller à la campagne, mais le chemin de fer ne marchait plus. Je me décidai alors à faire quelques courses en ville, accompagné de l'un de mes confrères de la Chine. Une affaire me conduisit dans le voisinage du Panthéon. Nous avons passé, ce jour-là, devant plus de dix postes de gardes nationaux, sans que personne fît attention à nous. Dans le quartier du Panthéon, nous n'eûmes pas le même bonheur. Des gardes nationaux du 204ᵉ bataillon, à moitié ivres, nous aperçurent et vinrent à nous. — *Citoyens, vos passeports ? — Nos passeports sont en règle; ils sont à notre domicile. Si vous avez le droit de nous les demander, venez avec nous; on vous les montrera bien volontiers.* A ces mots, l'un de ces misérables, qui ne mérite pas le nom d'homme, tire de sa poche un revolver à plusieurs coups et le tient élevé à deux doigts de ma figure.

« Cet acte insensé ne me causa pas la moindre émotion. « *J'ai vu la mort vingt fois encore de plus près; je ne crains* « *pas vos menaces. — Ah! maintenant,* fit ce malheureux, *il* « *faut en finir avec vous autres une bonne fois; il faut qu'on* « *vous coupe tous en morceaux.* » Une foule compacte de passants et de soldats nous environnait déjà. Un jeune officier accourut, me saisit le bras, en criant : « *Ne craignez* « *rien, venez avec moi.* » Nous le suivîmes au poste. »

M. l'abbé Perny a raconté avec quelle résignation chrétienne ce bon M. Houillon a supporté les rigueurs de la prison, passant son temps à prier et à méditer.

« Il ne m'appartient pas, dit-il, de dire la solide piété,

l'esprit de zèle et d'abnégation de mon cher compagnon de captivité, M. Houillon. Il avait, j'en suis persuadé, l'intime conviction qu'il serait l'une des victimes de la Commune. Ce cher et vénéré confrère, originaire du diocèse de Saint-Dié, avait quarante-cinq ans environ. Il était de retour de la Chine depuis l'année dernière, pour rétablir sa santé gravement altérée. »

Quand les soldats de Versailles approchèrent de la Roquette, on engagea les prisonniers qui restaient à se sauver ; mais une misérable femme du quartier, dans les idées de la Commune, avait remarqué ces fugitifs et les avait aussitôt signalés aux soldats des postes voisins comme des gens très-suspects. Peu de temps après, une visite domiciliaire, faite à ce dessein dans la maison, amena la découverte de ces pauvres fugitifs. On les conduisit aussitôt auprès de la petite Roquette, à l'angle du mur qui fait le coin de la rue Servan. Ils furent insultés de la manière la plus ignoble.

Pendant qu'on se préparait à les mettre à mort en cet endroit-là, l'un d'eux essaya de prendre la fuite. Mais un jeune détenu le poursuivit et le fit arrêter par les fédérés, qui arrivaient dans la direction de la Roquette. Au moment où il revenait à l'angle du mur, dit le témoin oculaire, ses trois compagnons étaient déjà étendus morts sur le pavé. On venait de les passer par les armes. D'après tous les indices reçus, le dernier fugitif nous a paru être M. Houillon. En revenant en cet endroit, le missionnaire vit une jeune fille de 18 à 20 ans, une vraie furie, qui s'avançait la première à lui, en le menaçant avec des blasphèmes à la bouche.

M. Houillon aurait mis un genou en terre en présence de cette malheureuse :

« De grâce, mademoiselle, ayez pitié d'un pauvre prêtre qui ne vous a pas fait de mal. »

La jeune fille, frémissante de rage, s'approche du prêtre de manière à le toucher. « De la grâce... Ah! je vais t'en f.....! » Les blasphèmes les plus atroces coulaient de ses lèvres. Sans perdre une seconde, elle avait déchargé son arme et la victime était tombée.

L'horreur s'accroît à la vue de ces malheureuses femmes, qui surpassent tous les hommes en exaltation et en acharnement. L'homme scélérat, qui joue aux victimes, laisse encore voir je ne sais quoi d'humain sur sa figure, même dans ses plus grands excès.

Mais la femme en proie à ces passions extrêmes surpasse de tout le ciel la perversité, la rage, la fureur, la cruauté de l'homme. L'Écriture, au reste, l'a dit en une seule parole : *Mulier non satiabitur sanguine.* Sa rage va plus loin que le sang versé. Les témoins qui, du haut de leur fenêtre, ont entrevu le cortége des otages, osent à peine dire les injures dont on accablait ces infortunés. Ils parlent surtout d'un vieux prêtre que l'on maltraitait plus spécialement. L'examen du corps des victimes a confirmé tous ces douloureux témoignages. J'ai bien des raisons de croire que ce digne confesseur de la foi appartenait à la société des Pères de Picpus (1).

M. l'abbé Surat, grand vicaire de Paris, fut aussi massacré dans cette circonstance.

M. Surat était calme, mais très-affecté au fond du cœur. Il était frappé surtout de la destinée des archevêques de Paris. En un quart de siècle, trois d'entre eux mouraient d'une mort tragique. Il raconta en ma présence ces détails, et se plaisait à les répéter devant nos compagnons de captivité qui venaient successivement s'entretenir avec lui.

(1) L'abbé Perny.

VI

Massacre des Dominicains du tiers-ordre enseignant à Arcueil (1).

Le vendredi 19 mai, entre quatre et cinq heures du soir, l'école d'Arcueil, renfermant vingt blessés recueillis la nuit précédente sur le champ de bataille, reçut la visite des citoyens Léo Meillet et Lucy Pyat, envoyés de la Commune de Paris et revêtus de l'écharpe rouge ; Thaler, prussien, sous-gouverneur du fort de Bicêtre, et Cerisier, chef du 101ᵉ bataillon de la garde nationale de Paris. Pendant que ces messieurs entraient par la porte principale, le 101ᵉ et le 120ᵉ bataillon cernaient la propriété en enfonçant les clôtures et pénétraient par toutes les issues, laissant des sentinelles de distance en distance, avec la consigne de passer par les armes quiconque tenterait de sortir.

Sur l'ordre de Léo Meillet, le P. Captier dut comparaître. On lui présenta un mandat de la Commune n'alléguant ni plainte ni motif légal, mais signifiant à tous les membres de la communauté, depuis le prieur jusqu'à la dernière des servantes de la cuisine, d'avoir à se mettre à la disposition des délégués. Une demi-heure fut accordée pour les préparatifs indispensables, et comme on sonnait la cloche afin de

(1) Les Pères Dominicains d'Arcueil qui ont échappé au massacre ont publié le simple et navrant récit de la mort de leurs frères. Nous avons extrait les passages suivants de cette touchante relation.

réunir les personnes de la maison, Lucy Pyat, prenant ce son de cloche pour un signal suspect, parlait déjà de fusiller l'enfant coupable d'un si grand crime. Cependant, un à un, les religieux, les professeurs auxiliaires, les sœurs, les domestiques et les sept ou huit élèves restés dans la maison s'étaient réunis autour du P. Captier. Lorsque fut donné le signal du départ, tous se mirent à genoux, les yeux pleins de larmes, et lui demandèrent sa bénédiction. « Mes enfants, leur dit-il, vous voyez ce qui se passe; sans doute on vous interrogera : soyez francs et sincères comme si vous parliez à vos parents. Rappelez-vous ce qu'ils vous ont recommandé en vous confiant à nous, et, quoi qu'il arrive, souvenez-vous que vous avez à devenir des hommes capables de vivre et de mourir en Français et en chrétiens. Adieu : que la bénédiction du Père, du Fils et du Saint-Esprit descende sur vous et y demeure toujours, toujours ! »

Alors s'organisa le voyage fatal. Les chevaux et les voitures de l'école ayant été mis en réquisition, on y entassa d'abord les religieuses et les femmes au service de la maison, en leur interdisant, sous peine d'être fusillées, toute parole, tout geste, tout signe d'adieu. Elles furent dirigées d'abord sur la Conciergerie, puis sur la prison de Saint-Lazare, dernier asile des femmes perdues. L'arrivée des troupes de Versailles leur rendit la liberté dès le mardi suivant, avant que les malfaiteurs de la Commune eussent pu mettre à exécution les menaces odieuses dont elles furent l'objet pendant quatre jours. Les élèves devaient également être amenés ; mais, grâce au peu d'entente des chef fédérés, on sursit à leur arrestation.

Lorsqu'il ne resta plus que les Pères, les professeurs et les domestiques, on les fit descendre dans la première cour, où ils furent entourés par les hommes des 101e et 120e bataillons. La porte s'ouvrit et le triste cortége se mit en route

pour le fort de Bicêtre, situé à 3 kilomètres de l'école. On
traversa d'abord les rues d'Arcueil. La population regardait
en silence, mais toute sa sympathie était pour les prisonniers. « Quand ils sont passés devant notre porte, disait une
pauvre femme, et que j'ai vu marcher au milieu des fusils
le P. Captier et tous ces messieurs qui nous faisaient tant
de bien, j'ai pensé que c'était Jésus-Christ avec ses disciples,
s'en allant à Jérusalem pour y être crucifié. » A Gentilly,
qu'il fallut traverser ensuite, les sentiments n'étaient plus
les mêmes, et les prisonniers durent subir toutes sortes de
paroles outrageantes.

Il était sept heures du soir quand la colonne arriva au
fort de Bicêtre. Les captifs furent enfermés d'abord dans
une chambre étroite où ils durent attendre, au milieu des
insultes les plus grossières, leur tour de comparaître devant
le gouverneur du fort pour les formalités de l'écrou. Elles
durèrent longtemps, à cause du nombre. Chacun subissait
un semblant d'interrogatoire où il n'était question d'aucun
crime, délit ou chef d'accusation quelconque; puis il était
fouillé, dépouillé de tout ce qu'il portait sur lui (les bréviaires même furent enlevés aux religieux), et conduit dans
la casemate n° 10, qui regarde la porte du fort (1). Il était

(1) Voici les noms de ceux qui furent ainsi incarcérés :
Au fort de Bicêtre :
Les RR. PP. Captier, prieur de l'école d'Arcueil ; Bourard, aumô-
nier; Delhorme, régent des études; Cotrault, procureur; Rousselin,
censeur; Chatagneret, professeur, tous religieux profès du Tiers-
Ordre-Enseignant de Saint-Dominique, à l'exception du R. P. Bou-
rard, qui appartenait à l'ordre des Frères-Prêcheurs.
MM. Voland, Gauquelin, l'abbé Grancolas, Bertrand (Édouard),
Rézillot, Petit, Gauvain, maîtres auxiliaires.
MM. Gros (Aimé), Marce, Cathala, Cheminal (Joseph), Dintroz,
Brouho (Simon), Duché, Bussi, Schepens, Delaitre père, Delaitre
fils et Paul Lair, serviteurs de l'école.

près de minuit quand on y déposa le P. Captier et les autres religieux. Groupe par groupe, leurs compagnons arrivèrent ; vers deux heures du matin, la porte se referma sur les derniers. Elle ne devait plus se rouvrir pour eux qu'au moment de marcher à la mort.

Cette première nuit fut extrêmement dure : la casemate renfermait à peine quelques restes de paille humide et hachée déjà par le séjour des soldats bavarois, et chacun dut chercher à tâtons une place libre sur le sol nu. Le jour étant arrivé, on tâcha de rendre moins incommode ce lamentable réduit. A force de réclamations, on obtint quelques bottes de paille fraîche, et, après quelques jours, les bréviaires furent rendus aux religieux.

Pendant que les officiers conservaient encore vis-à-vis des Pères un semblant de politesse, leurs subordonnés renouvelaient à toute heure leurs outrages et cherchaient à les rendre de plus en plus grossiers. A chaque instant on voyait paraître aux fenêtres de la casemate des hommes avinés et des créatures infâmes : ils regardaient les prisonniers, puis leur jetaient à la face des épithètes impossibles à reproduire, ou bien lisaient avec affectation les articles les plus éhontés des journaux de la Commune. Un jour ils aperçurent le sous-gouverneur du fort, qui, la casquette à la main, réintégrait le P. Captier dans sa prison après une sorte d'interrogatoire. Cet acte de respect exaspéra les fédérés : il y eut comme une émeute à la porte de la casemate ; à partir de ce moment, les vivres que les prisonniers rece-

Les prisonnières de Saint-Lazare étaient :

La mère Aloysia Ducos, supérieure des sœurs de Sainte-Marthe, avec les sœurs Élisabeth Poirier, Louise-Marie Carriquiry, Louis de Gonzague Dorfin, Mélanie Gatineaud. Mesdames Angèle Marce, Marguerite Cathala, Clara Delaitre, veuve Guégon ; mesdemoiselles Gertrude Faas, Catherine Morvan, Louise Cathala (âgée de huit ans).

vaient furent pillés et supprimés en route, de telle sorte que, pendant deux jours, on leur refusa jusqu'à un verre d'eau.

Le mercredi 24, on fit une exécution dans la cour du fort, sous leurs yeux; il y eut à ce propos un redoublement de menaces et d'allusions cruelles. D'ailleurs la Commune avait déjà tout réglé : l'école était vouée au pillage et à l'incen-die (1); quant aux personnes, elles appartenaient au 101ᵉ ba-taillon et à son chef, qui en disposeraient selon les circon-stances.

Quelles étaient, pendant cette longue semaine d'agonie, les pensées de nos prisonniers? Leurs compagnons de cap-tivité nous racontent qu'une douce gaieté ne cessa de ré-gner dans ce triste cachot. Excepté quelques serviteurs ma-riés et pères de famille dont l'attitude était plus sombre et l'air plus accablé, tous continuaient leur vie ordinaire, non qu'ils oubliassent ou méprisassent la mort, mais parce qu'ils avaient fait à Dieu, pour la France, le sacrifice de leur vie. Les religieux multipliaient leurs prières habituelles; ils s'encourageaient l'un l'autre et exhortaient leurs compa-gnons. Chaque soir on disait le chapelet en commun, et l'on ajoutait aux formules ordinaires un souvenir pour les frères absents. De temps en temps le P. Captier, accablé de fatigue et brisé par les privations, se soulevait pour faire quelque pieuse lecture ou adresser à ceux dont il était le chef des paroles de vie ou de salut. Du dehors, les fédérés assistaient et insultaient à ces prières. Un matin que l'ho-rizon était en flammes du côté de Paris, le P. Captier disait son bréviaire en marchant à grands pas : « Oui, priez Dieu, lui cria-t-on à travers la fenêtre, afin que les torpilles dont

(1) Le pillage eut lieu en effet le 25 mai : le temps manqua pour l'incendie.

la ville est remplie ne fassent pas explosion. — Je le fais, »
répondit-il paisiblement et tristement; puis, ayant achevé
son bréviaire, il demanda à ses compagnons de prier avec
lui.

Le jeudi 25, au point du jour, on remarqua dans le fort
un mouvement extraordinaire : on enlevait et on enclouait
les canons; les clairons sonnaient longuement le signal de
l'assemblée. A un certain moment, les prisonniers purent
croire que tout le fort était évacué et qu'il leur suffisait,
pour être sauvés, d'attendre patiemment l'arrivée des
troupes de Versailles. Mais l'espérance ne fut pas de longue
durée : une troupe armée se présenta tout émue à la porte
de la casemate. Comme les clefs manquaient, on se fit jour
à coups de crosse et l'on intima aux captifs l'ordre de partir
immédiatement avec la colonne qui rentrait à Paris. « Vous
êtes libres, leur dit-on, seulement nous ne pouvons vous
laisser entre les mains des Versaillais ; il faut nous suivre à
la mairie des Gobelins ; ensuite vous irez dans Paris où bon
vous semblera. »

Le trajet fut long et pénible, des menaces de mort étaient
proférées à tout instant ; les femmes surtout se montraient
furieuses et avides de voir mourir ces hommes couverts
d'un vêtement sacré. On descendit vers la porte d'Ivry ; sur
le chemin, quelques coups de fusil tirés de Bicêtre occa-
sionnèrent un certain trouble dont le P. Rousselin profita
pour s'esquiver et retourner à Arcueil. Les autres durent
continuer leur route vers Paris. Arrivés à la mairie des Gobelins au milieu des cris de mort de la foule, affolée par le
voisinage de l'armée régulière, ils parlent en vain de la liberté qu'on leur avait promise : « Les rues, dit-on, ne se
raient pas sûres ; vous seriez massacrés par le peuple, res-
tez ici. » On les introduit et on les fait asseoir à terre dans
la cour de la mairie, où pleuvent les obus, et où les fédé-

rés apportent les cadavres des victimes, afin de montrer à
ces « canailles » de quelle manière la Commune traite ses
ennemis. Au bout d'une demi-heure, un officier arrive et les
mène à la prison disciplinaire du 9ᵉ secteur, avenue d'Italie,
nᵒ 38. En y entrant, les captifs d'Arcueil reconnaissent le
101ᵉ bataillon et le citoyen Cerisier, son chef, c'est-à-dire
les mêmes hommes qui avaient opéré leur arrestation. Il est
alors dix heures du matin. Vers deux heures et demie, un
homme en chemise rouge ouvre brusquement la porte de
la salle. « Soutanes, dit-il, levez-vous, on va vous mener à
la barricade. » Les Pères sortent en effet, avec M. l'abbé
Grancolas et les autres, et sont conduits vers la barricade
élevée devant la mairie des Gobelins. Là on offre aux religieux des fusils pour combattre. « Nous sommes prêtres,
disent-ils, et de plus nous sommes neutralisés par notre
qualité d'ambulanciers ; nous ne prendrons pas les armes.
Tout ce que nous pouvons faire, c'est de soigner vos blessés
et de relever vos morts. — Vous le promettez ? dit l'officier
de la Commune. — Nous le promettons. » A cette parole,
on reprend le chemin de la prison disciplinaire, avec une
escorte de fédérés et de femmes armées de fusils.

Une fois enfermés, les prisonniers ne songent plus qu'à
se préparer au passage suprême. Tous se mettent à genoux
pour offrir une dernière fois le sacrifice de leur vie, tous se
confessent et reçoivent l'absolution. Ils n'auront pas la dernière consolation du chrétien mourant, celle de recevoir le
divin viatique. Dieu n'a pas jugé que cette grâce leur soit
nécessaire : d'ailleurs, entre leur prison et le ciel le trajet
sera si court !

A quatre heures et demie environ, nouvel ordre du citoyen
Cerisier. Tous les prisonniers sortent et défilent dans l'impasse qui précède la prison, pendant que les fédérés du 101ᵉ
bataillon chargent leurs armes avec un fracas trop signifi-

catif. Déjà tout le monde est à son poste; des pelotons sont placés à toutes les issues des rues voisines. Sur l'avenue, dit-on, le citoyen Cerisier est assis dans une voiture avec une femme à son côté ; c'est ainsi qu'il préside aux hautes œuvres de la Commune de Paris. Alors retentit le commandement : « Sortez un à un dans la rue ! » Le P. Captier se retourne à demi vers ses compagnons : « Allons, dit-il, mes amis, c'est pour le bon Dieu ! »

Aussitôt le massacre commence. Le P. Cotrault sort le premier et tombe frappé mortellement. Le P. Captier est atteint d'une balle qui lui brise la jambe, et va tomber, transpercé d'une autre balle, à plus de 100 mètres, vers le lieu où, en 1848, les insurgés de juin massacrèrent le général Bréa. Le P. Hourard aussi, après avoir été atteint, peut faire quelques pas dans la même direction, puis il s'affaisse sous une seconde décharge. Les PP. Delhorme et Chatagneret tombent foudroyés. M. Gauquelin tombe avec eux. M. Voland et cinq domestiques (1), sortis de l'impasse à la suite des Pères, ont le temps de traverser l'avenue d'Italie, mais ils sont frappés à mort avant d'avoir trouvé un refuge.

Les autres prisonniers parviennent à s'échapper. M. l'abbé Grancolas, à peine touché par les balles, entre dans une maison où une femme lui jette les vêtements de son mari. M. Rézillot n'est atteint que d'une manière insignifiante. MM Bertrand (Edouard), Gauvin, Delaitre, Brouho, Duché, parviennent à se mettre à l'abri dans les maisons ou les caves voisines, puis dans les rangs de l'armée nationale. Comme les desseins de Dieu sont impénétrables ! S'il eût permis à nos soldats d'arriver une heure plus tôt, tous les martyrs d'Arcueil échappaient à la mort !

Cependant le massacre accompli ne suffit pas à la fureur

_____

(1) Aimé Gros, Maroe, Cheminal, Dintroz et Cathala.

des assassins : on se précipite sur les cadavres, on les insulte en les découvrant ; à coups de baïonnette et de hache
on brise les membres et les crânes ensanglantés. Les soldats du 113e régiment, qui entrent en vainqueurs après
avoir franchi les barricades, reconnaissent ces morts glo-
rieux ; ils se penchent vers leurs cadavres, s'emparent des
rosaires qui pendent à leur ceinture, et se les partagent,
grain à grain, comme de saintes reliques ! Hélas ! eux passés, les profanations recommencent, et pendant plus de
quinze heures les cadavres des martyrs restent exposés à
tous les outrages imaginables.

Le lendemain matin, un prêtre du quartier, M. l'abbé
Guillemette, les trouva sur sa route, et comme ils étaient
couverts d'un habit religieux, il s'informa des circonstances de l'assassinat. Aussitôt il fit recueillir ces saintes
dépouilles.

Les morts, dit M. Veuillot, sont couchés dans la pourpre
du sang et dans la majesté du silence, entourés des douleurs
sacrées. Sur eux coulent les larmes de la famille et de la
patrie. La famille est fière, la patrie n'est point humiliée.
Leurs larmes sont un baume qui conservera ces cadavres
augustes, une rosée qui fécondera ces semences bénies.
Dieu verse la vigueur de l'espérance dans la plaie des sa-
crifices voulus et des expiations acceptées, semblable à la
fumée de l'encens, le parfum du sacrifice monte vers le ciel ;
la vertu de l'expiation dissout le poids du péché ; les cœurs
déchirés se remplissent de ce même arome de vie que leurs
larmes font descendre au fond des blessures mortelles. Entre les vivants et les morts s'échange un serment sublime
de se communiquer la grande vie, de se garder la grande
gloire, de vivre toujours par l'âme consolée de la patrie.
Une auréole se forme des vapeurs de ce noble sang ; elle

éclaire l'avenir d'un sourire de victoire, et le champ du carnage exhale les odeurs fortes du pressoir et de la moisson.

Mais l'Eglise demeure, elle prie, et Dieu garde la vie aux ossements de ceux qui ont voulu mourir pour la justice et pour la vérité. Cette chair est la proie de la mort. Elle périra, elle sera dissoute, et la vie renaîtra des ossements des fidèles et des martyrs, parce que, ayant invoqué la justice divine, ils ne sont pas morts, et la vie est restée en eux.

Les Dominicains sont morts en criant : *Pour le bon Dieu !* L'archevêque est mort la main levée pour absoudre ceux qui l'assassinaient ! Les Jésuites et les autres prêtres, nourris du pain des forts, sont tombés en offrant leur vie pour la gloire de Dieu et le salut de la France. Dieu est vainqueur, Dieu est vainqueur ! Il a pris des martyrs, nous aurons des miracles, nous sommes sauvés.

Quelle scène, quelle leçon, quelle horreur et quel triomphe ! A présent nous pouvons relever la tête parmi les peuples. L'incendie s'éteindra, les scélératesses, les fourberies et les sottises immondes, toute cette immense part de Satan sera oubliée : la gloire des martyrs décorera cette nuit abominable et restera sur nous. Comme la croix du Sauveur a plané sur les incendies qui dévoraient les plus fiers monuments de la ville et demeure parmi tant d'effondrements, elle que l'on voulait surtout abattre, la mémoire des martyrs demeurera. Leurs noms immortels et sacrés prévaudront sur tant de flétrissants souvenirs.

Victimes innocentes, si lâchement, si abominablement insultées, maintenant saintes et tutélaires ! L'Archevêque, les curés, les religieux sont cette Eglise depuis si longtemps traînée sur la claie par le vil ramas des écrivains et dénoncée aux haines d'une populace abrutie. Que ceux qui se sont attelés à l'injure regardent et qu'ils se frappent la poitrine.

Voilà le résultat de tant d'histoires ineptes et infâmes dont ils ont nourri ou laissé nourrir l'imbécile populaire. C'est à quoi aboutissent ces inventions des victimes cloîtrées de Varsovie, de Picpus et d'ailleurs. Qui osera dire que Rochefort et sa bande ne sont pas les véritables assassins de ces prêtres, ne les ont pas jetés à leurs bourreaux ignobles et n'ont suggéré ces cruautés dont les détails ne se rencontrent point dans les *Annales de la Propagation de la Foi* et dans les *Actes des Martyrs*.

Pour nous, nous rendons grâces à Dieu et nos larmes coulent sans troubler notre joie. A présent nous allons commencer de lire une autre histoire. Nous allons voir, si l'on peut parler ainsi, le dessous divin de la trame infernale. Nous savons ce que l'homme a détruit, nous saurons ce que Dieu a planté.

CONCLUSION

En présence de ces victimes qui ont offert à Dieu si généreusement leur vie pour le salut de la France et de l'Eglise,
nous ne voudrions dire aucune parole irritante. Toutefois,
il faut bien qu'on nous permette de signaler encore une fois
la cause de nos malheurs, si l'on veut désormais prévenir
de nouvelles catastrophes et d'autres massacres.

Chez les Juifs, quand on trouvait le cadavre d'un homme
assassiné, on était obligé de jurer qu'on n'était pour rien
dans ce meurtre.

Eh bien, en présence des corps ensanglantés de l'Archevêque de Paris et de tant de prêtres et de religieux égorgés
par la Commune, trouverait-on beaucoup de journalistes,
d'écrivains, et d'hommes d'Etat qui oseraient se dire parfaitement innocents de ces crimes qui ont fait frémir l'Europe d'horreur.

Que de revues, que de journaux incendiaires ont été, par
un *privilége* spécial, autorisés à être vendus dans les rues
et dans les gares. Et cependant ils ne cessaient pas dans
leurs infâmes calomnies de représenter les prêtres et les
religieux comme des hommes abominables, dont il fallait se
défaire à tout prix.

Que dirons-nous de la confiance témoignée, sous Napoléon III, au forban Garibaldi, qui après avoir trempé ses mains dans le sang des soldats français au siége de Rome, fut admis, un peu plus tard, à combattre dans les rangs de notre armée.

Voici les principaux passages d'une étude sur Garibaldi, publiée par le *Figaro* :

« Les rapports qu'a eus Garibaldi avec la France sont faciles à résumer. Quand nous nous sommes annexé Nice, où Garibaldi était né, il a écrit publiquement qu'on avait vendu sa patrie; à Mentana, il s'est battu contre des troupes françaises; dans l'Est, il a plus fait pour l'expulsion des communautés religieuses que pour les Prussiens.

« Garibaldi a aujourd'hui soixante-trois ans. Depuis qu'il est au monde, il a été marin, conspirateur, professeur de mathémathiques, général, député, fabricant de chandelles, dictateur, ermite et franc-maçon. Je n'invente rien, c'est dans le dictionnaire de Vapereau. Il a toute sa vie éprouvé le besoin de se mettre en avant et de faire parler de lui.

« Au mois de septembre dernier, il est sorti de Caprera, son île d'Elbe à lui, pour venir aider la République à se fonder dans un pays où il n'y avait peut-être que lui de républicain.

« En arrivant, le héros d'Aspromonte fut nommé au commandement des corps francs de la région des Vosges. Alors a commencé pour lui une campagne dans laquelle les plus grandes batailles qu'il a eu à soutenir ont été livrées contre les généraux français de l'armée de l'Est. Il n'a pu vivre un instant en bonne intelligence, ni avec Cambriels, ni avec Michel, ni avec Cremer, ni avec Bourbaki, ni même avec le lieutenant Domalain, qui commandait un petit corps de francs-tireurs bretons.

« Les procédés de Garibaldi étaient uniques. Quand il arrivait dans une ville, son premier soin était de mettre à la porte de chez elles les communautés religieuses pour loger ses troupes dans leurs couvents. »

Personne n'a oublié avec quelle faveur marquée cet ennemi juré du Pape et des prêtres fut reçu à Tours, par les membres du gouvernement de la défense nationale. Tous les priviléges étaient pour cet aventurier. Et pendant que nos braves soldats mouraient de faim et de froid, on ne lui refusait rien. Et cependant il était impossible d'ignorer la haine furieuse de ce bandit contre les prêtres : c'est sa marotte, il y revient continuellement.

On ferait des volumes des lettres où il a prêché ouvertement l'assassinat des prêtres. Nous nous contentons de citer ici, celle qu'il écrivit à des libres penseuses de Milan et rapportée par le *Monde*, dans son numéro du 5 octobre 1866.

Caprera, 13 septembre 1866.

« Chères dames,

« Emanciper la femme de la superstition, — l'arracher « des griffes du prêtre. — C'est cela que vous me dites! — « Mais savez-vous que cela n'est ni plus ni moins qu'une « question de vie ou de mort pour l'Italie? — Et vous, « femmes généreuses, vous suivrez certainement le principe « qui a inauguré la véritable délivrance de notre patrie.

« Le prêtre! Ne le voyez-vous pas enraciné à la terre « comme un chancre corrosif qui se gorge de ses misères, « de ses humiliations; qui s'attache à tout ce que le monde « peut produire de plus hideux! Des hypocrites vous diront « que des prêtres, il y en a des bons aussi, — et moi je vous « dis : — *Ceux-là sont pires que les autres, — parce qu'ils* « *rendent le système tolérable.*

« *Un prêtre, pour devenir bon, doit d'abord dépouiller*

10

« *l'uniforme ennemi qu'il porte.* Cet uniforme, qui est le
« symbole séculaire des prostitutions italiennes. N'est-ce
« pas là, en effet, l'uniforme de ceux qui maintiennent le
« brigandage dans la plus grande partie de l'Italie? N'est-ce
« pas l'uniforme des agents de tous les ennemis? N'est-ce
« pas l'uniforme de tous ceux qui ont appelé les étrangers
« dans notre patrie?

« Les modérés vous diront qu'il faut distinguer entre le
« temporel qu'il faut combattre, et le spirituel qu'il faut
« respecter. Le spirituel? et de qui? d'Antonelli? de Chia-
« vone? de Crocco? Le spirituel? Mais le spirituel devrait
« être le véhicule qui nous amènerait en présence de l'Éter-
« nel, et est-ce sous de telles protections que vous voudriez
« y aller?.....

« Avec amitié,   GARIBALDI. »

Voilà l'homme que des journaux conservateurs, comme
le *Salut public* de Lyon ont acclamé. Voilà l'homme qui a
été nommé dans plusieurs colléges électoraux à une grande
majorité de voix.

Après cela, devons-nous être étonnés si on insulte les
prêtres dans les rues, et si on les assassine quand on le
peut.

Nous donnons une pleine adhésion aux réflexions suivantes de la *Semaine de Rouen :*

« Il y a des oiseaux qui, devant l'ouragan, cachent leurs
yeux sous leurs ailes, et ne voulant pas voir le danger qui
les menace, pensent ainsi l'éviter. Combien de pusillanimes
se font aveugles pour ne pas troubler leur repos, et sont
surpris par la bourrasque qui les renverse et les écrase!
C'est le devoir des hommes fermes de regarder en face le
péril, et de prendre tous les moyens, de sang-froid, avec
confiance et énergie pour le conjurer.

« Or, le péril que plane sur la société est immense. Jamais, à aucune époque, la civilisation n'a couru de plus épouvantables risques. La révolution sociale comme un torrent, marche, grossit, se précipite, menace de tout engloutir : les institutions publiques comme les intérêts privés, les lois, le droit, la morale, la famille, la propriété, le gros et le petit capital, tout ce qui a encore une apparence d'ordre et de stabilité. Une seule digue retient encore ces flots furieux. Cette digue est la religion; et loin de la fortifier et de la protéger, ceux qui sont chargés de sauvegarder la société s'efforcent eux-mêmes depuis un siècle de rompre son dernier soutien. Conçoit-on vraiment une folie plus absurde et plus entêtée? Mais ouvrez donc les yeux et les oreilles. Que vous disent les trois millions de membres de l'*Internationale?* « Nous voulons détruire la vieille société, la « refaire à nouveau sur un plan radical ; nous avons brisé « presque tous les obstacles; le plus puissant, la religion, « demeure encore debout; c'est lui qu'il faut renverser. « Aussi nous déclarons-nous athées. Il faut que l'athéisme « triomphe. C'est le premier article de notre ligue. Rien ne « sera fait tant que l'idée même de Dieu persévérera..... » Et voilà la clef de tous les agissements de la révolution moderne.

« On a chassé Dieu des constitutions politiques, on veut le chasser aujourd'hui des écoles. On l'a ravi aux classes ouvrières, après l'avoir arraché du cœur des classes moyennes. Il restait encore une portion de la population fermement attachée aux idées religieuses, les épouses et les mères. On a imaginé la ligue de l'enseignement, les cours Duruy à l'usage des jeunes filles; on a poursuivi indignement, par tous les moyens imaginables, l'enseignement congréganiste. On n'aura de repos que lorsque le catéchisme sera arraché des mains des enfants, et le Christ de leurs

yeux. Voilà le plan que poursuivent sans relâche les logi-
ciens de la Révolution, les plans auxquels prêtent les mains
nos souverains aveugles et les journaux.

Les attaques se résument ainsi : « Guerre au surnaturel,
« aux dogmes, à la théologie ! Liberté, science, progrès,
« morale indépendante ! » La presse a grisé toutes les têtes,
perverti le bon sens public, et préparé la plus sanglante
orgie qui ait jamais épouvanté l'humanité. Voilà où nous en
sommes !

« Cette épouvantable presse a servi en pâture aux indifférents et aux satisfaits des doctrines dont voici l'expression
textuelle : « Aidez-vous, libres-penseurs, à abolir la reli-
« gion ; les protestants, les juifs, les mahométants et tous
« les autres déistes végètent dans la misère et l'obscurité ;
« mais ce qu'il faut avant tout détruire, c'est le catholi-
« cisme. » Que nos lecteurs nous pardonnent de reproduire
cet infâme blasphème dans toute sa crudité ; il a été dit et
imprimé à des milliers et des milliers d'exemplaires : « Le
« Christ n'est qu'un despote qui s'est fait tuer pour donner
« plus de poids à ses doctrines. Que l'on ne nous parle plus
« de ce cadavre, nous n'en voulons plus... »

« Et les ouvriers ont répondu à cet appel par ce programme lancé dans Paris dès 1869 : « Plus de Christ, plus
« d'immortalité ; la jouissance immédiate, sans limite, la
« jouissance pour tous... Plus de privilégiés, plus de riches
« ni de bourgeois. Le capital, c'est la honte accumulée. La
« propriété n'est pas le vol, comme l'a dit un lettré connu ;
« c'est l'assassinat..... » Quand ils ont été les plus forts à
Paris, pendant le règne de la Commune, ils ont mis ce programme à exécution. Ils le mettront encore le jour où ils res-
saisiront le pouvoir. Et si la presse continue ses diatribes
impies, si les indifférents et les satisfaits l'encouragent
comme par le passé dans ses entreprises contre la religion,

si l'œuvre de perversion morale continue à gagner les classes laborieuses des villes, des bourgs et des campagnes, écoutez bien ceci, c'est inexorable comme les chiffres, la classe ouvrière, ayant en main la force du nombre par le suffrage universel, l'unique base de nos institutions actuelles, la classe ouvrière, étant organisée et disciplinée comme on sait, culbutera tôt ou tard l'édifice social, et vos capitaux et vos propriétés; vos phrases et vos dédains, vos constitutions et votre politique creuse et stérile, sombreront dans le naufrage commun.

« Oh! prenez-y garde pendant qu'il est temps encore. Tout peut être sauvé, si vous le voulez. Pourquoi l'édifice social est-il menacé de crouler? Parce que vous avez retiré son fondement, qui est Jésus-Christ. Rendez Jésus-Christ à la société, et vous replacerez tout dans son ordre véritable.»

Les ruines accumulées sur tous les points de Paris, par les hordes d'assassins et d'incendiaires qui avaient juré de s'ensevelir sous les cendres de la cité qu'ils ne pouvaient plus défendre, s'étalent encore fumantes sous nos yeux : triste degré de bestialité sanguinaire où peuvent descendre des populations sans croyance, dit un publiciste.

On devrait croire que sans distinction de nuances, tous ceux qui ont intérêt à la conservation de l'ordre social s'efforcent de prévenir le retour de pareilles horreurs, et tout en frappant d'une réprobation unanime ces actes sauvages, s'empressent de répudier les doctrines athées et matérialistes qui se sont traduites par de pareils forfaits.

A la lueur sinistre du pétrole dévorant nos édifices publics et les maisons particulières la lumière s'est faite, sans doute chez tous les sophistes inconscients qui, par leurs déclarations imprudentes ont contribué à effacer dans les masses

populaires jusqu'aux derniers vestiges de croyance et de religion pour y substituer un âpre désir de jouissances maté-
rielles et une haineuse convoitise?

Vaincus, mais non domptés les barbares peuplent encore
nos cités, et frémissants de rage, nous menacent d'une revanche prochaine.

C'est le cas ou jamais de redoubler d'effort contre l'ennemi
commun, et de combattre hardiment ces théories funes-
tes qui ont engendré cette guerre sociale. L'intérêt seul doit
suffire, sans doute, pour faire comprendre à tous qu'une
société sans religion et sans Dieu est un édifice sans base,
et que l'unique moyen de salut est de ranimer le flambeau
des croyances qu'on a si imprudemment essayé d'éteindre?

Là seulement est le salut, car le triomphe de la force
domptant la violence n'est pas une solution : l'idée creuse
toujours son sillon et ne peut être combattue que par l'idée.
Les croyances religieuses seules peuvent venir à bout des
utopies socialistes, qui ne sont, après tout, que les conséquences logiques, logiquement déduites par les masses populaires, des théories matérialistes et positives qu'on leur a
prêchées depuis près d'un siècle.

C'est là ce qui presse, c'est là ce qui est urgent!!!

Eh bien! en présence d'une situation pareille, certains
journaux comme le *Siècle*, les *Débats*, l'*Opinion nationale*, etc., organes d'une fraction de cette classe moyenne qui
vient d'échapper, toute meurtrie à la rude étreinte du proléta-
riat soulevé, ne voient rien de plus utile, de plus pressé et de
plus urgent que de recommencer leur campagne anti-religieuse, malencontreusement interrompue par l'insurrection
de Paris !

Le véritable ennemi ce n'est pas le *communard*, c'est le
prêtre! Sus à lui, sans trève ni merci : c'est lui le coupable,
c'est lui l'auteur de tous nos maux! Et je ne désespère pas

que d'ici à six mois on n'en vienne à proclamer hautement que c'est par une malice et pour faire pièce aux immortels principes de la Révolution, que l'archevêque de Paris, les curés, les Jésuites, les dominicains se sont fait fusiller eux-mêmes ! (Les lecteurs du *Siècle* savent bien de quelles noirceurs et de quelles perfidies sont capables les hommes noirs !)

En vérité, en présence d'une telle aberration, d'une telle ineptie, d'une telle démence, on se sent pris à la fois de tristesse et d'effroi.

Faut-il donc nous appliquer les paroles de saint Augustin aux Romains : « La prospérité vous a dépravés, et l'adver- « sité vous a trouvés incorrigibles. Brisés mais non convertis « par les châtiments de vos vices, vous perdez les fruits du « malheur parce que devenus les plus malheureux vous ne « cessez pas d'être les plus impies des hommes. »

La passion anti-religieuse rend-elle donc assez aveugle pour ne pas voir qu'en détruisant dans l'esprit des peuples, la foi et la religion qui a changé la face du monde, on enlève toute base aux nations modernes, et on rétrograde vers la civilisation païenne des Néron et des Héliogabale.

Ainsi que l'a dit un penseur chrétien : « Le défaut de certitude dans les idées et de règle dans les âmes, fruit du scepticisme, paralyse les courages et anéantit les caractères. Les hommes ne s'attachent plus qu'aux faits, et après s'être courbés sous la violence anarchique, ils s'inclinent humblement sous le sabre d'un despote, parce qu'ils ne trouvent en eux-mêmes aucun appui contre leur faiblesse et contre la force triomphante. »

Mais ils ont beau faire, ces disciples arriérés des doctrines de Voltaire, ces esprits forts qui, par orgueil, préfèrent descendre d'un singe perfectionné plutôt que de sortir des mains de Dieu ; ils ont beau faire, disons-nous ; si la France est encore guérissable, si la terrible leçon qu'elle a reçue ne doit pas être lettre morte, si elle doit se relever encore et reprendre à la tête de la civilisation européenne la place qu'elle occupait autrefois, ce ne sera qu'en revenant aux idées religieuses et aux croyances qui faisaient sa force jadis. (1)

La France est le *soldat de Dieu*, et tant qu'elle a suivi sa mission elle a grandi; elle n'a décliné que du jour où elle a été infidèle à son drapeau. Qu'elle y revienne et elle renaîtra de ses désastres plus vivace et plus grande que jamais. Si elle s'obstine dans l'incrédulité elle est finie comme nation.

Si nous voulons que notre patrie humiliée se relève plus glorieuse et plus forte, si nous voulons prendre notre revanche, reconquérir les provinces sœurs que nous a arrachées un impitoyable ennemi, et compléter l'œuvre de l'union nationale, poursuivie depuis quatorze siècles par la monarchie française, revenons dans la voie que nous avons abandonnée, et, qu'à défaut de toute autre considération, notre patriotisme nous fasse comprendre que pour reprendre notre place dans le monde, il faut que la France redevienne le royaume très-chrétien.

(1) Depuis cent ans l'histoire des Français n'est pas glorieuse, celle de la France l'est infiniment. Quelle autre nation soumise à de tels guides, renversée par tant de surprises et de séductions contraires de la gloire, de la prospérité, de l'esprit, de l'orgueil et de la honte, aurait pu espérer d'en sortir, comme le monde en aura le spectacle, avec toute sa foi, tout son bon sens et toute sa vertu!

Paris. — Impr. H. Carion, rue Bonaparte, 64.

www.ingramcontent.com/pod-product-compliance
Lightning Source LLC
Chambersburg PA
CBHW072032080426

42733CB00010B/1862